KB151424

재미있는
인간관계의 심리학

대학생의 위대한 삶, 재결단으로 New Turn하라

송영선

이 저서는 2022년도 건국대학교 저역서발간연구비 지원에 의한 결과임

서문

필자가 교류분석(Transactional Analysis) 이론을 처음 알게 된 것은 1997년 2월, Korea TA Center가 주최한 ITTA(The International Transactional Analysis Association, Inc.) [TA Training Seminar]에 운영요원으로 진행할 때였다. 필자에게는 세미나 내용이 신선한 충격 그 자체였다. 본래 알고 있던 여러 심리학 이론보다 더 실용적이고 실천적인 이론이었다. 이 세미나를 계기로 교류분석을 더 연구하게 되었고, 기업체, 공공기관을 대상으로 강의를 하였다. 대학에 교수로 임용되어서는 교류분석이론을 토대로 〈심리학의 이해〉와 〈재미있는 인간관계의 심리학〉 과목을 개발하여 수업하고 있다.

재미있는 인간관계의 심리학은 삶의 의미(meaning of life)를 찾는 여정이다.
빅터 프랭클(Victer E Frankle)은 그의 저서 『죽음의 수용소에서(Man's search for meaning)』에서 '자극(stimulus)과 반응(response) 사이에는 빈 공간이 있다. 그 공간에 우리의 반응을 선택하는 자유와 힘이 있다'라고 하였다. 삶은 주어진 조건이 아니라 스스로 결정한 산물이라는 것이다. 그가 말하는 공간은 삶의 재결단을 위해 창조적 가치, 경험적 가치, 태도의 가치를 선택하는 과정이다. 재미있는 인간관계의 심리학은 어린 시절에 형성된 '유아결단(early decision)'을 이해하고 보다 바람직한 방향으로 새로운 결단을 위한 과정을 담고 있다. 어린 시절에 부모의 영향을 받고 살아가면서 강화된 각본(script)을 분석하고 자각하여 잘못된 각본에서 탈피하고 '재결단(redecision)'을 통해 새로운 삶을 설계하게 도와줄 수 있다.

재미있는 인간관계의 심리학은 백금률(platinum rule)이다.
백금률의 의미는 상대방이 원하는 대로 그들을 대접하는 것이다(treat others

the way they want to be treated). 내 중심에서 상대방 중심의 패러다임 전환을 요구한다. 상대방이 듣기 편한 방식으로 말하고, 손님이 사고 싶은 방식에 맞춰 응대하는 것이다. 궁극적으로 상대방의 처지를 생각함으로써 자신이 원하는 것을 흔쾌히 따르게 하는 것이다.

백금률은 사람들이 자신만의 고유한 성격과 세계관을 갖고 있다는 것을 전제로 한다. 사람들은 여러 상황에 반응할 때 마치 모스 부호처럼 자신의 성격을 타전한다. 극한 스트레스 상황에 반응하지 않을 때, 갈등 상황에 우월감을 드러낼 때, 첨예한 이해관계에 빠르게 대응할 때, 전화 받을 때의 다양한 제스처는 자신의 성격을 드러내는 신호이다. 이런 다양한 신호를 잡아내고 다른 사람의 성격을 구분하며, 자신의 행동을 개선하는 방법을 배우는 것은 재미있는 인간관계의 심리학이 타전하고자 하는 진정한 메시지이다.

재미있는 인간관계의 심리학을 실천하는 방법은 간단하다.

이해한 대로 설명하고, 설명한 대로 실천하는 것이다. 우선 다른 사람을 진정으로 이해하는 방법을 배운다. 그리고 자신이 아닌 타인을 대하고 있음을 기억하고, 학습한 것을 가장 적절한 방법으로 실천하면 된다. 가장 적절한 방법이란 다른 사람을 깊게 받아들이고 그들이 편한 방식으로 자신의 행동 양식을 바꾸는 것을 뜻한다.

필자는 이 책이

첫째, 나 자신, 가족, 친구를 이해하는 계기가 되기를 바란다.

니체(Nietzsche, 1844-1900)는 현대인에게 두 가지 병이 있다고 하였다. 하나는 자기 자신을 잃어버린 것이며, 다른 하나는 잃어버리고도 깨닫지 못하는 것이다. 이 책에는 자아상태, 스트로크, 인생태도 등을 진단하는 과정이 있다. 학생 자신뿐만 아니라 가족, 친구를 대상으로 진단하고 그 결과를 가지고 대화를 나누길 바란다. 또한, 각 절마다 제시된 성찰 질문을 생각하고 작성하여 토의하기 바란다.

둘째, 자신의 가치를 높일 수 있는 계기가 되기를 바란다.

이 책은 대학 생활, 사회생활을 하면서 자신의 가치를 높일 수 있는 내용을 담고 있다. 교류분석은 한마디로 인간관계 교류를 분석하는 것으로, 인간관계가 존재하는 모든 장면에 적용할 수 있는 이론이자 기법이다. 인간의 심리가 어떻게 구조화되고 기능하는지를 다루는 성격이론, 말하는 사람과 듣는 사람 간의 자아상태가 어떻게 교류하고 기능하는지를 다루는 의사소통이론, 현재의 인생태도가 어린 시절에 어떤 영향을 받아 형성되었는지를 다루는 아동발달이론, 인간의 삶 속에서 잘못된 인생각본으로 인한 희로애락의 고통스런 충동적 감정 노출이 어떻게 만들어졌는지를 다루는 병리학적 이론으로 이루어졌다.

재미있는 인간관계의 심리학은 인간의 심리적 구조를 이해하고 대화 방법(PAC model), 스트로크(stroke), 스탬프(stamp), 인생태도(life position), 라켓감정(racket feeling), 시간의 구조화(time structuring), 심리게임(psychological game), 인생각본(life script)에 관한 내용 등을 담고 있다.

대학 생활을 하면서, 일상생활을 하면서 재미있는 인간관계의 심리학이 담고 있는 진정한 삶의 의미와 백금률을 발견하게 될 것으로 기대한다.

실천만이 답이다.

2024. 2. 충주 목행동에서
송영선

네 가지 질문

첫째, 이 과목을 통해서 무엇을 배우고 싶은가?

이 질문은 학습 목표와 관계가 있다. 장마다 제시된 학습 목표는 가장 중요한 내용을 정의한 것이다. 학습 목표를 잘 설명할 수 있다면, 수업에 몰입한 것이다. 더 나아가 배운 내용을 다른 학생에게 설명할 정도의 수준이라면 중간시험이나 기말시험 기간에 밤새우면서 공부할 필요가 없다.

둘째, 어떤 방법으로 학습하는 것이 좋은가?

오감을 활용하여 학습하는 것이 가장 효과적이다. 시각, 청각, 촉각 등을 활용한 학습 내용은 잘 기억된다. 학습한 내용 중에 중요한 부분을 메모한다. 형광펜을 준비해서 중요 부분을 표시하는 것도 좋은 방법이다. 포스트잇을 준비해서 복습 및 예습해야 할 내용을 적는 것도 좋다. 무엇보다도 학습하는 데 방해되는 장애물은 제거하거나 최소화해야 한다. 학습이 잘되는 시간대는 방해받지 않아야 한다. 즉, 학습 환경을 조성하는 것이다.

셋째, 어느 정도의 학점을 받고 싶은가?

누구든지 높은 점수를 받고 싶은 것은 인지상정이다. 높은 학점을 받고 싶다면 그만큼 노력해야 한다. 예를 들면, 복습을 철저히 하는 것은 무엇보다 중요하다. 적은 시간이라도 복습하고, 모르는 내용은 찾거나 수업시간에 질문하는 것이다. 에빙하우스(Hermann Ebbinghaus, 1850-1909)의 망각곡선 이론에 따르면, 공부한 후 10분부터 배운 내용을 망각하기 시작한다. 하루가 지나면 배운 내용의 70%를 망각한다. 일주일이 지나면 배운 내용의 80%를 망각한다. 한 달 지나면 상당히 망각하게 된다.

복습하는 방법은 다음과 같다. 첫 번째 복습은 처음 1시간 공부한 후에 10분 정도 하는 것으로 기억이 하루 동안 계속 유지된다. 두 번째 복습은 하루가 지난 후에 2분 내지 4분 정도 하는 것으로 기억이 일주일 동안 지속된다. 세 번째 복습은 두 번째 복습한 후 일주일 뒤에 2분 정도 하는 것으로, 기억이 한 달 동안 유지된다. 네 번째 복습은 세 번째 복습한 후 한 달 뒤에 하는 것으로 기억이 6개월 동안 지속된다. 한 학기 동안 배운 내용을 계속 기억하게 된다. 따라서, 수업 전, 쉬는 시간, 시간 나는 대로 복습하면 더 기억에 남아 밤새우며 공부할 필요가 없다.

넷째, 한 학기가 끝나면 나에게 어떤 변화가 있었으면 하는가?

원하는 목표가 정해졌다면 원하는 것이 잘 되고 있는지 계속 관찰한다. 무엇보다 잘하고 있는 나 자신에게 보상한다. 맛있는 것을 먹는 것도 좋다. 휴식하는 것도 방법이다. 친한 사람과 산책하는 것도 방법이다. 짧은 여행을 하는 것도 방법이다.

작은 성취는 큰 성취로 이어지게 한다. 이 성취의 기쁨을 한 학기 수업하면서 만끽하기를 바란다.

차례

재미있는 인간관계의 심리학

대학생의 위대한 삶, 재결단으로 New Turn하라

나는 누구인가 스스로 물으라.
자신의 속 얼굴이 드러나 보일 때까지 묻고 묻고 물어야 한다.
건성으로 묻지 말고 목소리 속의 목소리로
귓속의 귀에 대고 간절하게 물어야 한다.
해답은 그 물음 속에 있다.
-법정 스님-

I

교류분석과 PAC 모델

학습 목표

- 교류분석의 개념을 설명할 수 있다.
- PAC 모델의 특징을 설명할 수 있다.
- 자아상태 오염의 특징을 설명할 수 있다.
- 자아상태 배제의 특징을 설명할 수 있다.

01 인간의 심리적 구조

학습 열기

한 사람이 살아가면서 가장 모르는 것이 인간이 아닐까 싶다. 오죽하면 열 길 물속은 알아도 한 길 사람 속은 모른다고 했을까. 교수인 필자조차도 한때 '나는 누구일까?' 고민한 적이 있다. 또한, 어떻게 살아갈 것인지 상념에 빠지기도 하였다. 일상의 경험과 사유는 더욱더 고민을 하게 만든다. 다른 사람과의 좋은 관계를 맺는 것이 얼마나 중요한지를 잘 알지만 실천하지 못할 때는 더욱 그렇다.

사실 혼자서 살아갈 수 있는 사람은 아무도 없다. 우리는 태어나면서부터 좋든 싫든 누군가와 관계를 맺으면 살아간다. 누구를 만나느냐에 따라 성공과 실패, 행복과 불행이 좌우된다. 뿐만 아니라 좋은 인간관계는 자신의 성공과 행복에 영향을 미치고, 다른 사람의 성공과 행복에도 영향을 준다.

이러한 관점에서 보면, 인간은 생애에서 가장 심오하게 들여다봐야 할 대상이자 철학적·실천적 과제이다.

어린 시절 기억

　수업시간에 학생들에게 어릴 때 경험했던 상황이나 사건을 그리게 했던 적이 있다. 한 학생은 어릴 적에 금요일 밤이면 엄마와 비디오 방에서 영화를 빌려보았다고 한다. 이 학생은 대학생이 되어서도 자주 영화를 본다고 한다. 이 학생은 영화를 좋아하고 자주 봤던 것을 계기로 장래의 비전을 찾게 되었고 영화 관련 학과에 입학하였다. 이 학생은 어릴 때 자주 본 영화가 전공을 선택하는 데 영향을 주었다고 발표하였다.

　다른 학생은 7살 무렵 자전거를 배울 때 아버지가 뒤에서 잡아주었던 장면을 발표하였다. 그 이후로 이 학생은 지치고 힘들 때, 항상 부모님이 지켜준다는 믿음을 갖게 되었다고 한다. 어리광을 부려도 안아 주시는 부모님이 계신다는 것을 알게 되면서, 성인이 되어서도 많이 의지하고 있다고 한다.

또 다른 학생은 초등학교 때 자전거를 타다가 크게 다친 장면을 그렸다. 그 학생은 그때 이후로 모든 이동 수단을 이용할 때는 항상 안전에 유의한다고 한다. 잘못되면 어쩌나 하는 강박관념에 사로잡힌 적이 있다고 한다.

인간 행동의 심리적 구조

많은 학자들은 다양한 상황에 반응하는 인간의 행동을 이해하려는 노력을 지속적으로 해 왔다. 그중에 레빈(Kurt Lewin, 1890~1947) 학자는 인간의 모든 행동은 객체로서 사람이 가지고 있는 유전적인 소질과 그를 둘러싸고 있는 심리적인 환경에 의한 산물이라고 하였다.

이를 도식화하면, [B = f(PXE)]이다.

B= Behavior(행동)

f= function(함수)

P= Personality(성격)

E= Environment(환경)

사람의 행동은 그 사람의 고유한 성격과 그를 둘러싸고 있는 환경에 의해 영향을 받는다. 따라서, 인간의 행동을 알기 위해서는 그 사람을 둘러싸고 있는 환경에 더 관심을 가져야 한다.

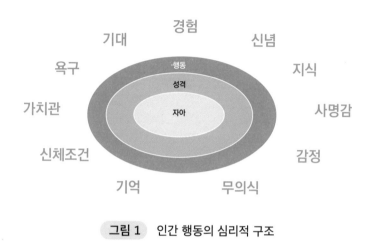

그림 1 인간 행동의 심리적 구조

앞서 세 명의 학생 사례에서 보듯이, 인간의 행동은 어린 시절 자신을 둘러싼 환경에 영향을 받는다. 어떤 사람은 신념에 따라 행동한다. 어떤 사람은 가치관에 따라 행동한다. 어떤 사람은 신체조건에 영향을 받아 행동하기도 한다. 예를 들면, 더운 여름임에도 소매가 긴 옷을 입는 사람을 보면, '더운 날씨에 왜 긴 옷을 입지! 반소매를 입어야지!'라고 생각할 수 있다. 그러나 그 사람은 화상을 입었거나 다쳐서 상처 부위를 보이고 싶지 않을 수 있다. 따라서 '긴 소매 옷을 입을 만한 어떤 상황이 있지 않았을까?'라고 상대방 처지에서 생각하면 그 사람의 행동을 이해하게 된다.

대화를 잘하는 사람은 상대방이 말하는 중간에 또는 말한 즉시 반응하지 않는다. 어떻게 하면 좋은 대화를 할 것인가를 생각한 후 말한다. '왜 저렇게 말하지?', '왜 저런 행동을 하지?', '어떻게 말하는 것이 좋을까?'라고 생각하고 가장 적절한 대답을 하는 것이다.

어린시절, 학생에게 가장 크게 영향을 준 환경은 무엇입니까?

그리고 그것이 현재 나에게 어떤 영향을 주었습니까?

02

우리는 본래의 나와 다른 얼굴로 세상을 살아간다. 지난 날들을 생각해 보면 학교와 가정, 사회에 필요한 사람이 되기 위해 수많은 가면을 때와 장소에 맞게 골라 썼다는 것을 알 수 있다. 이 가면은 필요하기 때문에 썼지만 오랜 시간 동안 써온 것으로 마치 천성처럼 자연스럽다. 오늘도 우리는 천성을 감추고 가면을 쓰고 살아간다. 사람마다 재능과 적성, 기질, 성격도 다른데 마치 정답이 있는 것처럼 살아간다. 이때 우리는 자연스럽게 '그렇다면 진정 나는 누구이고 무엇을 원하는가?'라는 질문을 스스로 던지게 된다. 이 질문에 대한 해답은 태생적인 자기 자신을 아는 것부터 시작해야 한다.

교류분석

에릭 번 박사[1](Eric Berne, 1910-1970)가 개발한 교류분석(Transactional Analysis, TA)은 인간행동에 대한 이해체계로 자기이해, 타인이해 단계를 거쳐 자신과 타인의 관계 속에서 자기성장 및 대인관계의 개선방법을 제시해 주는 이론이다. 교류

---

1 번(Eric Berne) 박사는 1910년 5월 10일 캐나다 몬트리올에서 태어났다. 1943년에서 1946년까지는 군의관으로 2차 세계대전에 참여하여 집단 치료의 경험을 쌓았다. 1947년에는 성격 발달 이론가 Erickson에게 정신분석 훈련을 받으면서 정신분석의 취약점을 비판하였다. 1949년의 논문 「The Nature of Intuition」에서 직관은 조건에 따라 촉진될 수 있으며, 훈련에 따라 직관적 분위기가 개선된다고 하였다. 1952년의 「Concerning The Nature of Diagnosis」에서는 자극과 반응 관계를 조사하여 교류분석의 핵심과 자아상태 체계확립에 결정적인 역할을 했다. 1957년 최초의 이론 체계인 「Ego state

분석은 전문적이고 정교한 세 가지 욕구이론(스트로크, 시간의 구조화, 인생태도)과 네 가지 분석이론(대화분석, 기능분석, 심리게임분석, 각본분석)으로 구성되어 있다. 궁극적으로 교류분석은 자아실현의 단계를 도달하는 데 도움을 주도록 고안된 이론체계라고 볼 수 있다.

교류분석의 주된 관심사는 자아상태 모델(ego state model)을 활용하여 자기성찰을 통한 자각에 의해 현재 행동을 변화시켜 자주적 인간이 되는 것이다.

교류분석을 통해 자신을 아는 방법을 터득하게 되면 타인도 알 수 있게 된다. 또한 교류분석은 자신 행동의 구체적인 개선 방법도 가르쳐 준다. 사회생활은 자극과 반응의 반복으로 성립되어 있으므로 자신이 변하면 필연적으로 상대방의 반응도 변한다. 이것은 대인관계가 바뀐다는 뜻이며, 말할 것도 없이 사회생활이 지금보다 더 좋은 방향으로 바뀐다는 것이다.

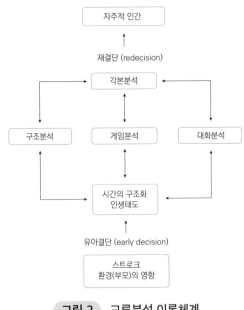

그림 2 교류분석 이론체계

in Psychotherapy」와 「Transactional Analysis – A New and Effective Method of Group Therapy」를 발표했다. 1961년에는 최초의 교류분석 저서인 「TA in Psychotherapy」를 발간했다. 1970년에는 「Sex in Human Loving」을 출판하였다. 동년 7월 15일 심장마비로 60세에 생애를 마감하였다. 비록 번 박사가 세상을 떠났지만 교류분석은 그 후 계속 발전을 거듭하고 있으며 더욱 새롭게 발전하고 있다.

교류분석의 철학적 가정

교류분석의 전반적 철학은 우리 모두가 OK라는 가정에서 출발한다. 이러한 철학은 교류분석 이론과 실천하는 데 있어 기본 가정(basic assumption)이 되는 자기긍정과 타인긍정으로 발전한다.

첫째, 긍정성이다(People are OK). 사람은 태어날 때 긍정적으로 태어난다. 번 박사는 사람은 누구나 태어날 때는 왕자와 공주였다고 주장한다. 나는 나를 있는 그대로 받아들이고, 나는 상대방을 있는 그대로 받아들인다(I'm OK, You're OK). 상대방이 나를 칭찬하고 인정했을 때 그대로 받아들이는 것이다.

둘째, 합리성이다. 모든 사람은 사고할 수 있는 능력이 있다(Everyone has the capacity to think). 심하게 뇌를 다친 사람을 제외한 모든 사람은 생각하는 능력이 있다. 학습할 수 있고 행동을 선택할 수 있다. 어떤 삶을 살지 결정하는 것은 각자의 책임이다. 즉, 자신의 행동은 책임이 핵심이다.

셋째, 변화 가능성이다. 사람은 자신의 운명을 결정하고, 이러한 결정은 바꿀 수 있다(People decide their own destiny, and these decisions can be changed). 인간은 합리적 존재로서 스스로 새로운 결정을 내릴 수 있고, 과거에 구속받지 않는다. 어린 시절의 결정은 전적으로 타인에 의존할 수밖에 없었지만 이러한 결정이 적합하지 않은 것으로 판단되면 새로운 결정을 내릴 수 있고 초기의 결정은 변경될 수 있다.

교류분석의 목표

교류분석의 궁극적인 목표는 자주적 인간이다. 다음과 같은 세 가지 구성요소가 있다.

첫째, 자각성(awareness)이다. 자기 자신을 잘 이해하고 자신의 눈으로 보고, 생각하는 것이다. 지난 과거를 후회하거나 미래의 고민으로 현재의 즐거움을 소홀히 하지 않는 것이다. 즉, 현재 자신의 대화와 인간관계의 문제점을 깨닫는 것이다.

둘째, 자발성(spontaneity)이다. 어떤 자아상태에서라도 자유롭게 필요에 따라 선택할 수 있고 행동할 수도 있는 것이다. 즉, 자각한 것을 행동으로 옮기는 것이다.

셋째, 친밀성(intimacy)이다. 다른 사람과 따뜻하고 솔직하고 성실하게 어울리는 것이다. 친밀성이 높은 사람은 심리게임(psychological game)을 하지 않거나 타인을 평가절하하지 않는다. 즉 주위 사람과 살아가는 데 좋은 관계를 유지하는 것이다.

자아상태(ego state)

번 박사는 교류분석의 한 영역으로 인간의 자아는 '3개의 나'가 있으며, 그것을 자아상태(ego state)라고 하였다. 자아상태는 감정 및 사고, 이에 관련된 행동 양식을 종합한 하나의 시스템으로 정의된다. 한 개인에게 주어진 상황에서 표현된 감정과 경험은 외부에 일관성 있게 표출된다. 자아상태는 한 개인이 겪었던 어린 시절의 경험과 그 경험에 관계된 감정, 부모와의 관계, 사건의 인식과 치명적인 손상이 오랫동안 깊이 잠재되어 어느 때이든 그 당시의 기억과 경험을 재현할 수 있고 똑같은 감정을 느낄 수 있는 저장소이다. 따라서 자아상태는 상황에 맞는 말과 행동을 하며 다른 사람과의 교류와 인간관계 정도를 확인하는 데 좋은 도구이다.

자아상태 그리는 법

자아상태를 도식하는 방법은 [그림 3]의 (1)이 공식적이며 일반적으로는 (1)과 같이 그린다. 바깥쪽의 큰 그림은 전인격 또는 성격(total personality)을 말한다. (2)와 (3)은 약식으로 쓸 때 사용한다. ⓟ, ⓐ, ⓒ의 간격은 떨어져서도 서로 겹쳐도 안 된다. 왜냐하면 각 자아상태 간에는 정신에너지가 유동적으로 흐른다고 가정하기 때문이다.

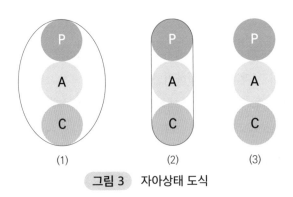

그림 3   자아상태 도식

세 가지 자아

교류분석에서는 마음이 구체적인 말과 행동을 결정한다고 한다. 마음속이 어떻게 구조되어 있느냐에 따라 그와 관련된 말과 행동이 외부로 표현된다. 만약, 어떤 말과 행동이 주위 상황과 상대방에게 어울리지 않는다면 외부로 표현하는 것을 참거나 자신의 마음속을 다른 상태로 조절한다. 다른 사람의 말과 행동을 보고 그 특성을 파악하여 그 사람의 마음을 올바르게 이해하게 된다. 따라서 그때그때의 자신의 마음속을 진단할 수 있다면 외부로 표현되는 말과 행동의 성질과 상대방에 주는 영향 정도를 예상할 수 있다.

번 박사는 인간의 마음을 크게 세 가지로 구분하였다. 첫째는 부모로부터 가르침을 받아 생긴 부모 자아Ⓟ(parent)이다. '타인 자아'라고 한다. 둘째는 지금-여기(here&now)에 맞는 사고와 행동을 하는 성인 자아Ⓐ(adult)이다. '현실 자아'라고 한다. 셋째는 유년 시절의 오랜 행동이 축적된 결과가 재현된 아이 자아Ⓒ(child)이다. '원시 자아'라고 한다.

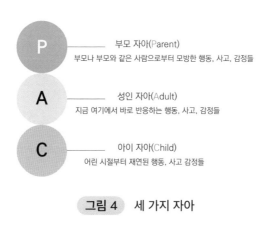

그림 4 세 가지 자아

학생이라면 이 상황을 어떻게 대처하겠습니까?

> 백화점 식품 판매대에서 물건을 사고 계산을 하는데 오늘은 할인판매 기간이라 많은
> 사람이 줄을 서고 있다. 당신도 오랫동안 줄을 서서 기다리고 있는데 대학생으로 보
> 이는 여자가 휴대폰으로 통화하면서 계산대 앞으로 살짝 끼어드는 것을 보았다.

백화점 상황은 크게 세 가지로 반응하게 된다.

부모 자아상태ⓟ

여대생이 질서도 안 지키고 공공장소에서 큰소리로 통화를 하는 것이 못마땅
하다. 화난 목소리로 "왜 새치기하세요? 맨 뒤로 가세요."라고 말한다. 집으로 오
면서 미안해하던 여대생이 생각 나서 '내가 너무했나! 다급한 목소리로 통화하는
것 같던데…'라고 생각하며 미안해한다. 화를 내면서도 상대방 처지를 헤아리는
감정 표현이다. 어렸을 때부터 부모에게 들어본 말과 감정이다.

이와 같은 반응을 번 박사는 '부모 자아상태(Parent ego state)'라고 하였으며 ⓟ
라고 명명하였다. 부모 자아ⓟ는 정서적으로 중요 인물, 즉 부모, 형제 및 이와 유
사한 사람의 행동 또는 태도에 영향을 받아서 형성된다. 생후 첫 3-6년간 그 사람
들에게 지각된 외적 경험사태가 뇌에 기록된 경험의 집합체로 학습된 개념(taught
concept of life)이다.

> 크리스마스에 엄마가 햄 요리를 하고 있었다. 엄마는 햄을 프라이팬에 올려놓기 전에
> 양쪽 끝을 잘라 내었다.
> "엄마, 햄 양쪽 끝은 왜 잘라버리는 거야?"
> 아이가 엄마에게 물었다. 엄마는 한 번도 그런 생각을 해본 적이 없었다.
> "글쎄, 나도 모르겠다. 너희 할머니가 늘 그렇게 해왔거든"
> 그러자 아이는 할머니를 찾아가서 햄을 프라이팬에 올리기 전에 왜 양쪽 끝을 잘라 내
> 는지 물어보았다.
> "글쎄다. 나도 모르겠구나. 너희 증조할머니가 늘 그렇게 해왔거든 증조할머니한테
> 가서 한번 여쭤보려무나. 증조할머니는 귀가 좀 어두우시니까 큰 소리로 여쭤보아라."
> 아이는 증조할머니한테 달려가서 아주 큰 소리로 엄마와 할머니께서 햄 요리를 할 때
> 양쪽 끝을 잘라 내더라는 얘기를 했다.

"왜 그런 건지 아세요?"

아이는 다그쳐 물었다. 그러자 증조할머니는 눈을 반짝이더니 대답을 했다.

"나는 네 엄마가 왜 햄 양쪽을 잘라내는지 잘 모르겠다만 내가 옛날에 처음 그 요리를 할 때는 프라이팬이 너무 작아서 그걸 맞추느라고 잘라냈지!"

사례처럼 나의 부모, 부모의 그 부모가 생각하고 말하고 행동한 것을 그대로 말하고 행동하는 것은 부모 자아가 작용한 것이라고 볼 수 있다

부모 자아ⓟ 상태에 있을 때는 상대방을 내려다보는 자세로 "밤새워 당구장이라니 빨리 집에 가지 못해!"라거나 상대방에 손을 내밀면서 "무척 힘든 것 같은데 도와줄까?"라고 말한다. 즉, 부모가 자신에게 한 것과 같이 야단을 치거나 도움을 주려고 한다.

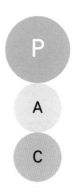

그림 5 부모 자아ⓟ

평상시에 부모 자아ⓟ가 크게 작용하면 융통성이 부족하다는 소리를 듣는다. 감정 표현이 부족하여 인생을 즐기지 못한다. 부모가 아이를 양육할 때처럼 '이렇게 해야 한다', '저렇게 해야 한다', '도와줄까?'라는 말이나 행동을 자주 하게 된다.

평상시에 부모 자아ⓟ가 우세하면,

• 성실하나 자유롭게 감정을 표현하지 못한다.

• 인생을 즐기지 못하여 일에만 열중하기 쉽다.

• '~해야만 한다'라는 강박관념이 강하다.

• 상대방은 아이 자아ⓒ가 높은 사람이 많다.

성인 자아상태Ⓐ

또 다른 반응은 학생이 질서도 안 지키고 큰 소리로 통화할 만한 이유가 있다고 생각한다. "큰 소리로 통화해야 한다면 다른 곳에서 하면 좋겠습니다."라고 말한다. 이와 같은 반응은 성인으로서 지금-여기 상황에 맞게 취하는 행동이다. 이 반응을 번 박사는 '성인 자아상태(Adult ego state)'라고 하였으며 Ⓐ라고 명명하였다.

성인 자아Ⓐ는 현실을 객관적으로 바라보며 여러 방면으로 정보를 수집하여 그 내용을 기초로 상황을 분석하며 판단하게 한다. 즉, 6-9년간 지금 여기에서 바로 반응하는 행동·사고·감정으로 인생에 대해 사고한 개념(thought concept of life)이다.

성인 자아Ⓐ가 높은 사람은 부모 자아Ⓟ의 편견과 아이 자아Ⓒ의 감정을 통제하며, 통합된 자율성과 적응성으로 활동하게 하는 역할을 한다. 성인 자아Ⓐ로부터 정신적 에너지를 내고 있을 때는 올바른 자세와 냉정한 태도로 '어떻게 하면 해결할 수 있을까? 어쨌든 확인해 보아야겠다'라며 사실에 근거한 판단하에 이성적으로 문제를 해결한다.

그림 6 성인 자아Ⓐ

평상시에 성인 자아Ⓐ가 작용하면 현실적인 마음이 지나치게 강하여 합리적이고 계산적이라는 소리를 듣는다. 상대방도 성인 자아Ⓐ가 되어 냉정한 관계가 될 수 있다.

평상시에 성인 자아Ⓐ가 우세하면,

- 합리적이고 계산적이다.
- 인간미가 없다는 소리를 듣는다.
- 감정 표현이 부족하다.
- 상대방은 Ⓐ우세형이 많다.

아이 자아상태Ⓒ

또 다른 반응은 이 상황이 짜증스럽거나 잘못 반응하면 오히려 난처할 수 있다고 생각한다. 그래서 "어! 새치기하네. 에이, 별꼴이네! 어쩔 수 없지 그냥 참을 수밖에!" 라고 혼자 말한다.

이처럼 혼자 말하며 주위를 의식하는 반응은 어린아이처럼 느끼는 감정 그대로 행동하는 것이다. 이 반응을 번 박사는 '아이 자아상태(Child ego state)'라고 하였으며 Ⓒ라고 명명하였다. 아이 자아Ⓒ는 인간이 가지고 태어난 본능적인 욕구나 감정과 생후 3세 이전의 외적 사태에 대한 반응 및 내적 감정의 기록들로 인생에서 느낀 개념(felt concept of life)이다.

부모와 관련된 외적 사건에 대하여 개인이 선천적으로 타고난 기질을 통해 듣고, 느끼고, 보고 받아들이는 복합된 감정들을 포함한다. "야, 이것 참 예쁜데! 이렇게 비싸? 놀랐다!"처럼 느끼는 그대로 표현하거나, '그래, 이번에는 참아야지!'라고 본래의 자기감정을 누르며 조심스럽게 행동할 때에는 아이 자아Ⓒ가 작용한 것이다.

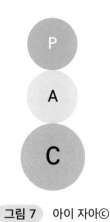

그림 7   아이 자아Ⓒ

평상시에 아이 자아ⓒ가 크게 작용하면 유아 욕구가 강해진다. 감정 표현이 강하여 자신의 뜻대로 행동하거나 반대로 스스로 억제해서 상대방에게 맞춘다.

평상시에 아이 자아ⓒ가 우세하면,

- 유아 욕구가 강하다.
- 현실 자아는 약하다.
- 감정이 풍부하거나 자신을 억누른다.
- 자기중심적이고 주위 사람들을 끌어들인다.
- 상대방은 부모 자아ⓟ가 우세한 사람이 많다.

세 가지 자아 상태를 정리하면 다음과 같다.

표 1 세 가지 자아상태

부모 자아ⓟ	• 형성 시기: 3-6세경에 정점에 이름 • 형성 기제: 부모 또는 부모를 대신한 사람의 태도나 행동을 모방함으로써 형성 • 특성 - 타인에 대해서는 편견적·비판적·보호적 행동을 보임 - 자신에 대해서는 마음속의 아이에게 계속적으로 영향을 주는 과거 부모의 메시지로 느껴짐 - 타인 자아: 가르침을 받은 나 • 종류: 비판적인 부모 자아(CP), 자애로운 부모 자아(NP)
성인 자아ⓐ	• 형성 시기: 6-9세경에 정점에 이름 • 형성 기제: 사고력이나 판단력 발달에 따라 반복적으로 대응함으로써 형성 • 특성 - 현재의 현실이나 정보의 객관적인 수집을 지향함 - 현실을 파악하고, 감정에 좌우되지 않고 계산함 - 현실 자아: 정보나 자료로 생각하는 나 • 종류: 성인 자아
아이 자아ⓒ	• 형성 시기: 0-3세경에 정점에 이름 • 형성 기제: 부모로부터 받은 감각적, 감정적 자극 때문에 받은 느낌이나 반응이 서서히 모여 축적됨으로써 형성 • 특성 - 유아에 자연적으로 발생하는 모든 충동을 내용으로 하는 것 외에 인생의 조기 경험이나 그 경험에 대한 반응 - 유아기부터의 오랜 행동으로 나타남 - 원시 자아: 본래대로 행동하는 나 • 종류: 자유로운 아이 자아(FC), 순응한 아이 자아(AC)

자아상태의 유연성

이상적인 자아상태는 부모 자아⑫, 성인 자아Ⓐ, 아이 자아ⓒ가 적절하게 연결되어 있다. 대화와 인간관계를 잘한다는 것은 상황에 따라 자유자재로 자아상태가 작용하는 것이다. 즉, 부모 자아⑫, 성인 자아Ⓐ, 아이 자아ⓒ가 외부 상황에 맞게 반응하는 것이다. 이것은 곧 자아상태의 유연성을 의미한다.

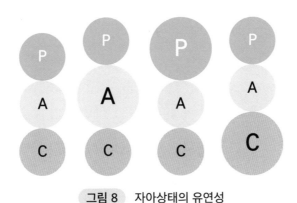

그림 8 자아상태의 유연성

직장에서 팀장과 팀원의 대화를 예로 들면, "이봐, 박 대리! 지금 이걸 계획서라고 가지고 온 겁니까? 한심하다 한심해!" 박 대리를 야단치는 김 팀장은 부모 자아⑫가 작용한 것이다.

그림 9 김 팀장의 부모 자아⑫

이때 핸드폰이 울린다. 김 팀장이 "네. 여기는 ○○그룹 김○○입니다"라고 받을 때는 성인 자아Ⓐ가 작용한 것이다.

그림 10 김 팀장의 성인 자아Ⓐ

시간이 지난 후 김 팀장의 핸드폰에 다시 전화가 걸려온다. 김 팀장은 "뭐라고? 정말이야? 그것 좋지! 한번 만나세!"라고 마냥 즐거워한다. 이 때는 아이 자아Ⓒ가 작용한 것이다.

그림 11 김 팀장의 아이 자아Ⓒ

통화가 끝난 후 김 팀장은 박 대리에게 "박 대리! 시간이 조금 더 있으니까 내가 몇 가지 정보를 줄 테니 다시 작성해 오세요!"라고 말한다. 이때는 성인 자아Ⓐ가 작용한 것이다.

그림 12 김 팀장의 성인 자아Ⓐ

이와 같은 대화는 생활 속에서 언제 어디서나 일어난다.

1. 부모 자아ⓟ로부터 나왔다고 생각하는 행동은 어떤 것입니까?

2. 성인 자아Ⓐ로부터 나왔다고 생각하는 행동은 어떤 것입니까?

3. 아이 자아ⓒ로부터 나왔다고 생각하는 행동은 어떤 것입니까?

03

자아상태의 오염과 배제

학습 열기

'꼰대'라는 말이 있다. 꼰대는 자기 의견을 강요하는 기성 세대를 의미한다. 한편, 꼰대는 기성 세대에 맞서려는 젊은 세대가 너무 쉽게 휘두르는 무기가 되었다. 기성 세대에게 꼰대라는 비판은 두렵다. 생각이 깊은 기성 세대는 '꼰대질' 같은 공격이 두려워 말을 삼간다. 아집으로 똘똘 뭉친 기성 세대는 자기 검열에 무관심하다.

수업할 때, 학생들에게 두 가지 질문을 한 적이 있다. 어떤 교수가 꼰대 교수인지, 어떤 교수가 싫어하는 교수인지였다. 다양한 의견이 나왔는데 대부분의 학생은 학생의 의견을 무시하고 교수의 생각을 일방적으로 전달하거나 강요하는 교수를 꼰대라고 생각했다. 싫어하는 교수 역시 꼰대 교수와 유사한 반응이었다.

그렇다면, 꼰대 교수를 어떻게 이해하면 좋을까? 교수의 어린 시절 경험, 그때는 문제되지 않았던 인식과 생각, 행동이 무의식적이든 의식적이든 학생들에게 전달된다. 교수의 과거를 알지 못하는 학생들은 교수의 생각이나 행동을 이해할 수 없게 된다. 이러한 교수와 학생의 경험이나 삶의 방식 차이로 '꼰대 교수', '싸가지 없는 학생'이 되는 것은 아닌가 싶다.

오염

부모 자아Ⓟ, 성인 자아Ⓐ, 아이 자아ⓒ의 경계가 이완되어 한 자아가 다른 자아를 침범하여 경계가 파손되는 것을 오염(contamination)이라고 한다. 오염에는 편견, 망상, 이중오염이 있다.

편견

편견(prejudice)은 부모 자아Ⓟ가 성인 자아Ⓐ를 침범해서 성인 자아Ⓐ의 논리적인 판단 기능을 저해하는 것이다. 부모 자아Ⓟ가 현재 상황에 맞게 사고하게 하는 성인 자아Ⓐ를 마비시키는 것이다. 편견은 부모의 낡고 왜곡된 각본 신념(script beliefs)이 강화되어 나타난 감정이나 생각, 행동이다. 현재 상황에 맞지 않는 자신의 생각, 감정, 행동은 과거의 부모나 주변 사람이 주입했거나 자신이 모방한 부모의 감정과 생각, 행동이 영향을 준 것이다.

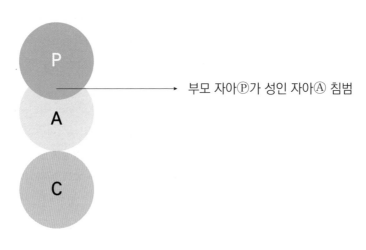

부모 자아Ⓟ가 성인 자아Ⓐ 침범

그림 13 편견

편견의 예를 들면,

- "남자가 무슨 집안일이야. 남자는 집안일 하면 안 돼."
- "남자는 부엌에 들어가면 안 돼."
- "남자는 절대 울면 안 돼."
- "여자는 얌전해야 해."
- "여자가 무슨 운전이야 그냥 집에 가만히 있지."
- "역시 신입사원은 안 돼."
- "남자는 모든 면에서 여자보다 강해."
- "백인은 흑인보다 강해." 등이 있다

망상

망상(delusion)은 아이 자아ⓒ가 성인 자아ⓐ를 침범하여 성인 자아ⓐ의 경계가 훼손되는 것이다. 아이 자아ⓒ가 성인 자아ⓐ의 논리적 기능을 저해하여 지나친 희로애락의 감정을 표현하는 것이다. 어렸을 때부터 체험한 감정이 자신을 지배하고 어지럽히는 상태이다. 불안, 공포 등에서 자주 볼 수 있다.

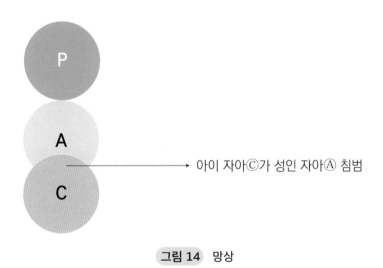

그림 14 망상

망상의 예를 보면,

- "저 애가 자꾸 나를 쳐다보는 걸 보니 나를 좋아하는 게 분명해. 그렇지 않니?"
- "에이, 시험 망쳐 버렸네. 그냥 죽고 싶어."
- "취직하면 연애할 수 있어." 등이 있다

이중 오염

이중 오염(double contamination)은 부모 자아Ⓟ와 아이 자아Ⓒ가 성인 자아Ⓐ를 침범하는 것이다. 정신 분열 상태인 이중 오염에 있는 사람과는 대화하는 데 어려움이 있다.

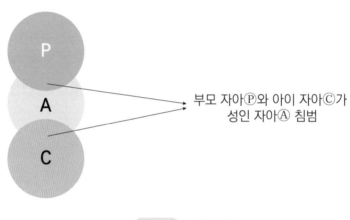

부모 자아Ⓟ와 아이 자아Ⓒ가
성인 자아Ⓐ 침범

그림 15 이중 오염

이중 오염의 예를 들면,

- 엉뚱한 감정이 폭발하거나 억제되는 경우로, 인터넷 게임을 하는 도중에 크게 소리 지르다가 욕을 하다가 크게 웃는다.
- 언행 불일치하는 경우로, 밖에서는 여성 존중을 외치면서 집에서는 아내를 학대한다.

배제(exclusion)는 자아상태의 경계가 지나치게 경직되어 자아상태 간의 교류가 차단되는 것을 의미한다.

부모 자아ⓟ 배제

부모 자아ⓟ가 배제되면, 기존의 질서나 법에 따르지 않고 상황에 따라 대화하고 행동한다. 부모 자아ⓟ가 배제되었다는 것은 윤리, 도덕과 같이 전통적으로 내려오는 질서를 부모로부터 배우지 못했거나 없는 것이다.

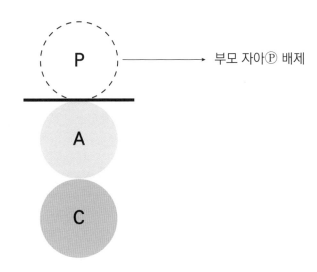

그림 16 부모 자아ⓟ 배제

부모 자아ⓟ가 배제되면,

• 도덕적 관념이나 수치심을 모른다.
• 약속을 지키지 않아도 책임감을 느끼지 못한다.
• 나쁜 짓을 해도 죄책감이 별로 없다.

성인 자아Ⓐ 배제

성인 자아Ⓐ가 배제되면, 부모 자아Ⓟ와 아이 자아Ⓒ만 작용하게 된다. 성인 자아Ⓐ가 배제된다는 것은 지금-여기 상황에 맞게 문제를 해결하고 논리적으로 판단하는 중요한 기능이 제외된다는 것이다.

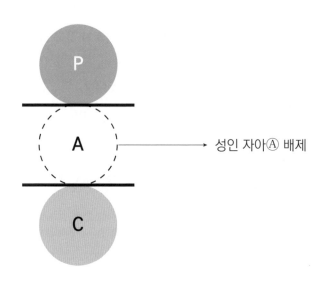

그림 17 성인 자아Ⓐ 배제

성인 자아Ⓐ가 배제되면,
- 현실 검증 능력이 떨어진다.
- 판단력이 부족하게 된다.
- 지적인 교류가 어렵게 된다.
- 부모로부터 받은 생각, 감정, 행동과 어렸을 때 스스로 형성된 감정, 생각이 충돌하여 정신적으로 혼란을 겪기도 한다.

아이 자아ⓒ 배제

아이 자아ⓒ가 배제되면, 어렸을 때 형성된 감정과 사고가 배제된다. 이런 사람은 즐거움이나 슬픔 같은 감정을 잘 드러내지 못하여 대화나 인간관계에 어려움을 겪을 수 있다.

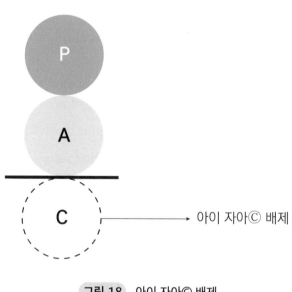

그림 18 아이 자아ⓒ 배제

아이 자아ⓒ가 배제되면,

• "어린 시절을 어떻게 보냈습니까?"라고 물어보면, 보통은 부모님하고 여행도 하고, 친구들하고 놀고… 기억을 살려서 얘기한다. 그러나 아이 자아ⓒ가 배제되면 "아! 잘 모르겠어요. 기억나는 것이 하나도 없어요. 아무리 기억하려고 해도 기억나지 않아요. 저에게 문제가 있나 봐요"라고 말한다.

성인 자아Ⓐ와 아이 자아ⓒ 배제

세 개의 자아상태 중에 성인 자아Ⓐ와 아이 자아ⓒ가 배제되면, 즉 아이 자아ⓒ와 성인 자아Ⓐ가 작용하지 않으면, 부모 자아Ⓟ의 특성인 비판적·지시적·권위적 기능이 강하게 작용한다.

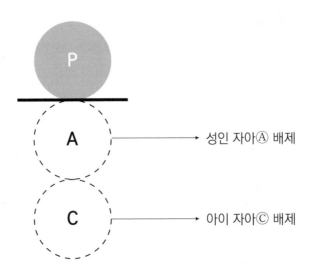

성인 자아Ⓐ 배제

아이 자아Ⓒ 배제

그림 19 성인 자아Ⓐ와 아이 자아Ⓒ 배제

성인 자아Ⓐ와 아이 자아Ⓒ가 배제되면,

- "너는 왜 그 모양이냐."
- "내 경험이 맞으니까 쓸데없이 생각하지 마."
- "그냥 내가 시키는 대로 해 알았지. 딴 생각하지 마."
- "야! 내가 선배인데 선배 앞에서 어떻게 담배를 피울 수 있지?"
- "자네! 이걸 보고서라고 가져온 거야? 다시 써!"
- "너 지금 놀러 갈 때야? 시험공부해!"

부모 자아ⓟ와 아이 자아ⓒ 배제

부모 자아ⓟ와 아이 자아ⓒ가 배제되면, 즉 성인 자아ⓐ가 크게 작용하면 지나치게 논리적·객관적이고 감정 표현이 잘 드러나지 않는다.

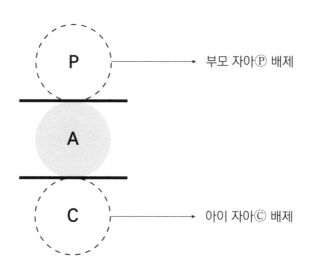

그림 20 부모 자아ⓟ와 아이 자아ⓒ 배제

부모 자아ⓟ와 아이 자아ⓒ가 배제되면,

• 아침 출근하는데 길에 강아지가 쓰러져 있어도 냉정하게 판단한다.

• "내가 그렇게까지 할 필요가 있어?"라는 말을 자주 한다.

• "내가 내 시간을 쓰는데 왜 그래야 하나요?"라고 말한다.

부모 자아ⓟ와 성인 자아Ⓐ 배제

부모 자아ⓟ와 성인 자아Ⓐ가 배제되면, 즉 아이 자아ⓒ가 크게 작용하면, 상황에 구애받지 않고 감정을 표현한다.

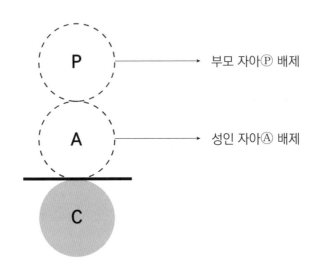

그림 21 부모 자아ⓟ와 성인 자아Ⓐ 배제

부모 자아ⓟ와 성인 자아Ⓐ가 배제되면,

• 마음대로 되지 않을 때 물건을 집어 던진다.

• 응석 부린다.

• 놀기를 좋아하고 하고 싶은 대로 행동한다.

• 내일 중요한 보고를 해야 하는데도 밤늦게까지 술 먹는다.

• 중요한 발표인데도 아무것도 하지 않는다.

1. 학생이 경험했거나 주변에서 들었던 편견은 어떤 것이 있습니까?

2. 학생이 경험했거나 주변에서 들었던 망상은 어떤 것이 있습니까?

3. 학생이 경험했거나 주변에서 들었던 배제는 어떤 것이 있습니까?

4. 편견, 망상, 배제로 학생이 어려움을 겪은 사례는 무엇입니까?

1. 어린 시절 겪은 경험 중에서 현재 기억에 남는 장면을 그려 보십시오. 그린 장면이나 기억이 현재 학생의 생활이나 삶의 결정 순간에 어떤 영향을 주었다고 생각합니까?

어린시절 기억 그리기

2. 다음 지시사항에 따라 12개의 문항에 체크해 보십시오.

<지시사항>

1. 두 줄의 문장과 각 12개의 문항이 일치하는지를 확인한다.
2. 조원 개인별 의사결정: 일치하면 O, 일치하지 않으면 X, 애매모호하면 △를 오른쪽 1번 칸에 기입한다.
3. 조별 의사결정: 개인별로 12개 문항에 해당되는 결정을 모두 기입하면 조원들끼리 토의하여 O, X, △ 중에 하나를 결정한 후 오른쪽 2번 칸에 기입한다(단, 다수결은 없다. 첫 번째 칸에 기입한 O, △, X은 건드리지 않는다).
4. 토의하면서 무엇을 느꼈는지 발표한다.

<두 줄의 문장>

• 어제 우리는 송한성 씨를 만나 배도순 씨에 대해 이야기를 나누었다.
• 나는 배도순 씨가 금고 안의 돈을 훔쳤다고 말하지 않았다.

<12개의 문항>

번호	문항	1	2
1	나는 돈을 훔치지 않았다.	△	
2	이야기에 나오는 사람은 세 사람 이상이다.		
3	나는 어제 송한성 씨를 만났지만 배도순 씨는 만난 적이 없다.		
4	송한성 씨는 나를 통해 배도순 씨의 이야기를 들었다.		
5	돈을 훔친 것은 배도순 씨가 아니었다.		
6	송한성 씨는 배도순 씨가 돈을 훔친 것을 알고 있다.		
7	배도순 씨가 돈을 훔친 사실을 말한 적이 없다.		
8	금고 안에는 돈이 없었다.		
9	배도순 씨가 돈은 아니지만 뭔가 훔쳤다고 생각한다.		
10	나는 돈을 훔친 것은 배도순 씨라고 생각한다.		
11	나는 누군가와 함께 송한성 씨를 만났다.		
12	돈을 훔친 사람은 아무도 없다.		

1. 사람의 행동은 그 사람의 고유한 성격과 그를 둘러싸고 있는 환경에 의해 영향을 받는다. 어린 시절의 경험, 특히 부정적인 경험은 현재의 행동에 크게 영향을 준다.

2. 교류분석(transactional analysis)은 한 개인의 마음과 삶의 태도를 변화시키는 데 효과적인 성격 이론이다.

3. 교류분석의 목적은 개인이 지금까지 살아온 행동 패턴, 사고방식, 느낌이나 태도 등의 감정 상태를 검토하고 평가하며, 자각을 통해 변화를 시도하고 타인과의 진실한 교류를 회복시키는 데 있다.

4. 자아상태(ego state)는 인간의 감정 및 사고와 관련된 일련의 행동양식을 종합한 하나의 시스템이다.

5. 자아상태는 부모 자아(ⓟ; parent ego state), 성인 자아(Ⓐ; adult ego state), 아이 자아(ⓒ; child ego state)로 구분된다.

6. 부모 자아ⓟ는 정서적으로 중요 인물, 즉 부모, 형제 및 이와 유사한 사람들의 행동 또는 태도에 영향을 받아서 형성된다.

7. 성인 자아Ⓐ는 현실을 객관적으로 바라보며 여러 방면에서 정보를 수집하여 그 내용을 기초로 상황을 분석하며 판단하는 자아이다.

8. 아이 자아ⓒ는 인간이 가지고 태어난 본능적인 욕구나 감정과 생후 6세 이전의 외적 사태에 대한 반응 및 내적 감정의 기록들로 인생에서 느낀 개념이다

9. 세 가지 자아는 좋고 나쁜 것이 없으며, 우리 정신 에너지 속에서 움직인다. 어느 자아가 커져 있는가에 따라 그때 행동을 결정한다.

10. 오염(contamination)은 경계가 이완되어 하나의 자아상태가 다른 자아상태를 침범하여 경계가 파손되는 것이다.

11. 편견은 오염 중에 부모 자아ⓟ가 성인 자아Ⓐ를 침범하여 논리적 판단 기능을 저해하는 것이다.

12. 망상은 오염 중에 아이 자아ⓒ가 성인 자아Ⓐ를 침범하여 지나치게 감정적인 행동을 하는 것을 말한다.

13. 배제(exclusion)는 자아상태의 경계가 지나치게 경직되어 자아상태 간의 교류가 차단되는 것을 말한다.

이론상, 이론과 실천 사이에는 아무런 차이가 없다.
그러나 막상 실천에 들어가면 이야기는 달라진다.
-요기 베라(Yogi Berra)-

II

자아상태의
기능분석과 진단

학습 목표

- 자아상태의 다섯 가지 기능과 양면성에 관해 설명할 수 있다.
- 자아상태별 비언어적 요소를 구분할 수 있다.
- 나의 이고그램을 해석할 수 있다.

01

자아상태의 기능분석

학습 열기

앞에 있는 차가 급정거하는 바람에 학생이 운전하는 차와 충돌하였다.
학생은 어떻게 반응하겠는가?

- "멱살을 잡고 운전 똑바로 해!"라고 화를 낸다.
- "다친 데는 없나요? 아픈 데는 없나요?"라고 상냥하게 말한다.
- "어떻게 처리할까요? 보험은 들었습니까?"라고 해결방안을 낸다.
- "재수 더럽게 없네!"라고 혼자 말을 한다.
- "죄송합니다"라고 소심하게 말을 한다.

차가 충돌한 상황에 관한 반응은 다양하다. 다양한 반응을 기능으로 분석
하면 상황이나 대화의 패턴을 더 정확하게 이해할 수 있다.

자아 기능분석

한 사람의 부모 자아ⓟ, 성인 자아ⓐ, 아이 자아ⓒ가 실질적으로 어떻게 기능
하는가를 알기 위한 방법이 기능분석이다. 기능분석은 구조분석 ⓟ, ⓐ, ⓒ를 기능
적으로 세분화하는 것이다.

그림 22 다섯 가지 자아상태

부모 자아Ⓟ는 '비판적인 부모 자아(critical parent, CP)'와 '자애로운 부모 자아 (nurturing parent, NP)'로 구분한다.

비판적인 부모 자아(CP)는 권위적이며 보수적이고 비판적으로 작용하는 자아 이다. 사례에서 당신이 상대방의 멱살부터 잡거나 목덜미를 잡으며 "똑바로 운전 못 해!"라고 소리를 질렀다면 비판적인 부모 자아(CP)가 작용한 것이다.

자애로운 부모 자아(NP)는 양육적이며 보호적이고 동정심이 강한 자아이다. 사례에서 당신이 "다친 데는 없나요?", "어디 아픈 곳은 없나요?"라고 말했다면 자 애로운 부모 자아(NP)가 작용한 것이다.

성인 자아Ⓐ는 정보를 근거로 판단하고 문제를 해결한다. 성인 자아Ⓐ는 합리 적이고 논리적이며 타산적이다. 위의 사례에서 당신이 "보험 들었습니까?"라든지, 논리적으로 상대방의 잘못을 지적한다면 성인 자아Ⓐ가 작용한 것이다. 성인 자아 Ⓐ는 부모 자아Ⓟ와 아이 자아Ⓒ를 통제하거나 조정하는 역할을 한다. 부모 자아 Ⓟ와 아이 자아Ⓒ는 강한데 성인 자아Ⓐ가 약한 사람은 현실에 맞지 않는 행동을 하여 주변 사람을 당황하게 할 수도 있다.

아이 자아Ⓒ는 '자유스러운 아이 자아(free child, FC)'와 '순응한 아이 자아 (adapted child, AC)'로 구분한다.

자유로운 아이 자아(FC)는 본능적이고 자기중심적이며 호기심이 많거나 충동 적이고 쾌락적이다. 위의 사례에서 당신이 '오늘 재수 더럽게 없네. 에이!'라거나

'아! 어떻게 하지? 큰일 났네!'라고 혼잣말했다면 자유로운 아이 자아(FC)가 작용한 것이다.

순응한 아이 자아(AC)는 어릴 때 부모의 영향을 많이 받아 형성된다. 이 마음은 부모의 관심과 사랑을 잃고 싶지 않거나 부모의 기대에 부응하기 위해 작용한다. 사례에서 당신이 '죄송합니다', '앞으로 조심하겠습니다'라고 말했다면 순응한 아이 자아(AC)가 작용한 것이다. 순응한 아이 자아(AC)가 강하면 자유로운 아이 자아(FC)를 누르고 진실한 감정(authentic feeling)을 억압하여 현실을 회피하거나 심하면 자폐적인 증상이 보이기도 한다. 자폐적인 증상을 보인다.

자아상태의 양면성

자아상태가 높으면 긍정적으로 작용하거나 부정적으로 작용한다. 즉, 자아상태는 양면성이 있다. 예를 들면, 비판적인 부모 자아(CP)가 긍정적으로 작용하면 양심적·도덕적이나 부정적으로 작용하면 편견이 심하다. 자애로운 부모 자아(NP)가 긍정적이면 양육적이나 부정적이면 과보호한다. 성인 자아ⓐ도 사실에 입각하여 잘 판단하기도 하지만, 때로는 너무 계산적이어서 상대방의 기분을 상하게 할 때도 있다. 따라서 자아상태의 양면성을 확인하여 섬세한 움직임에도 정확히 반응하는 것이 중요하다.

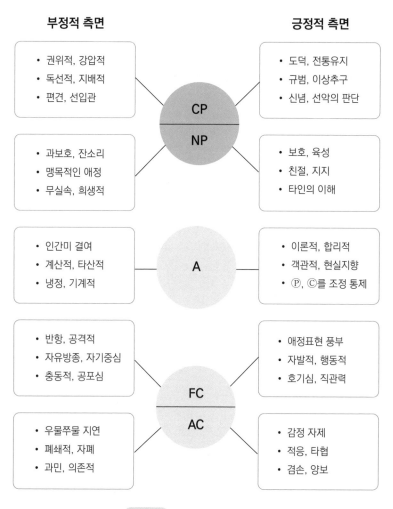

부정적 측면

- 권위적, 강압적
- 독선적, 지배적
- 편견, 선입관

긍정적 측면

- 도덕, 전통유지
- 규범, 이상추구
- 신념, 선악의 판단

CP

NP

- 과보호, 잔소리
- 맹목적인 애정
- 무실속, 희생적

- 보호, 육성
- 친절, 지지
- 타인의 이해

A

- 인간미 결여
- 계산적, 타산적
- 냉정, 기계적

- 이론적, 합리적
- 객관적, 현실지향
- ⑫, ⓒ를 조정 통제

FC

AC

- 반항, 공격적
- 자유방종, 자기중심
- 충동적, 공포심

- 애정표현 풍부
- 자발적, 행동적
- 호기심, 직관력

- 우물쭈물 지연
- 폐쇄적, 자폐
- 과민, 의존적

- 감정 자제
- 적응, 타협
- 겸손, 양보

그림 23 자아상태의 양면성

다섯 가지 자아상태 중에 학생이 경험한 부정적인 면은 어떤 것이 있습니까?

02

자아상태의 식별연습과 비언어적 단서

다음 상황이 발생한다면 어떻게 하겠는가?

여자친구가 길을 가다가 "어머! 미끄러워 넘어질 것 같아"라고 말하면서 남자친구의 손을 잡는다.

- 남자 친구가 "이거 놔라. 오빠 넘어진다"라고 말하면서 뿌리치면 자아상태 CP 가 작용한 것이다.
- 남자 친구가 "내가 잡아줄게. 걱정하지 마! 자기"라고 따뜻하게 말하면 자아상태 NP가 작용한 것이다.
- 남자 친구가 "같이 넘어지면 둘 다 다치니까 우리 팔 놓자"라고 말하면 자아상태 Ⓐ가 작용한 것이다.
- 남자 친구가 "튼튼한 내가 있으니까. 좋지? 좋아?" 라고 말하면 자아상태 FC가 작용한 것이다.
- 남자 친구가 "우리 엄마가 여자하고 손잡지 말랬는데..."라고 말끝을 흐리면 자아상태 AC가 작용한 것이다.

머레이비언의 법칙

　나와 다른 사람들과의 교류, 즉 대화는 언어에만 한정된 것이 아니다. 얼굴 표정, 몸짓, 자세, 말투 등 비언어적인 것도 포함된다. 언어에 의한 메시지를 상대방이 완전히 이해하는 데에는 말뿐만 아니라 비언어적인 여러 모양도 충분히 고려해야 한다.

　1971년 캘리포니아대학교 심리학자인 앨버트 머레이비언(Albert Mehrabian, 1939~) 교수의 저서『침묵의 메시지(Silent Messages)』에서 주장한 내용이다. 머레이비언의 법칙(Mehrabian' Law)은 목소리에서 느끼는 청각과 모습에서 느끼는 시각을 빼면 말의 내용에서 느끼는 것은 겨우 7%에 불과하다는 법칙이다. 상대방과 대화를 하면서, 상대방의 인상을 정하는 데 영향을 미치는 부분에서 대화의 내용은 7%이고, 상대방의 목소리는 38%며, 상대방의 표정과 태도가 55%라는 것이다. 즉, 인간은 타인과 대화를 나눌 때 대화의 내용보다는 그것을 뒷받침하는 시청각적 요소의 영향을 매우 많이 받는다는 것이다. 같은 대화 내용이라도 시청각적 요인에 따라 전혀 다른 의미로 전달될 수 있다. 머레이비언의 법칙을 효과적으로 사용하기 위한 한 가지 방법은 언어적 의미와 비언어적 의미를 일치시키는 것이다. 내적 상태와 외적 표현이 일치될 때 그 전달력은 더 강력해진다. 즉, 내면의 진심을 담아 메시지를 전달한다면 상대방도 그 진심을 알게 된다.

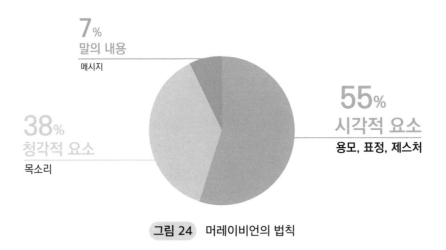

그림 24　머레이비언의 법칙

실례로 1980년, 미국 대통령 선거를 앞두고 25%에 이르는 많은 유권자들은 누구를 찍을지 결정하지 못해 갈등을 하고 있었다. 25%에 달하는 표의 향방을 결정한 계기가 된 것이 바로 레이건과 카터의 TV토론이었다. TV토론을 본 시청자들은 왜 레이건을 선택했을까? "토론에 임하면서 우리는 결정적인 착오에 빠져 있었다. 우리는 커뮤니케이션 매체로서 TV를 이해하지 못한 채, 카터의 백과사전적인 방대한 지식이 단연코 레이건을 압도할 수 있으리라고 믿고 있었다. 그것이 패배의 원인이었다." 선거가 끝난 후, 카터팀이 이 점을 시인하였다. 반면 레이건이 보여준 이미지는 어떤 것이었을까? 퍼부어지는 카터의 비난을 받으면서도 그는 전혀 불쾌한 내색을 보이지 않았다. 그의 제스처는 시기적절하게 행해졌다. 때로는 카터 쪽으로 몸을 기울여 그의 말에 경청하고 있음을 시사하는가 하면, 간간이 자연스러운 미소로 반응을 보여주었다. 전체적으로 레이건은 진지하고 온화하고 힘이 있는 이른바 '대통령다운 이미지'를 비언어적 커뮤니케이션 방법을 통해 전달함으로써 선거를 승리로 이끌 수 있었던 것이다.

비언어적 커뮤니케이션은 언어 이외의 방법을 통해 메시지를 전달하는 모든 것이므로 방법은 매우 다양하다. 비언어적 커뮤니케이션의 대표적인 방법은 얼굴 표정과 소리, 말투이다. 자아상태별 비언적 커뮤니케이션은 다음과 같다.

표 2 자아상태별 언어적·비언어적 요소

기능	언어	소리, 말투	표정, 자세, 동작
CP	당연하지. 내가 말한 대로 해라.	단정적, 조소적, 설교적, 교훈적	지배적, 도전적, 잘난 척, 특별 취급 요구
NP	잘 되었어요. 염려 말아요. 힘을 내세요.	온화, 따뜻한, 동정적, 부드러운	손을 내밈, 수용적, 배려, 보호적
Ⓐ	누가, 왜, 언제 구체적으로 말함	단조로운, 차분한, 명료, 냉정	관찰적, 안정된 자세, 생각을 종합하는 태도
FC	감탄사, 해줘요, 기뻐요. 못해요.	개방적, 자유, 자연, 흥분, 티없는	자유로운 감정표현, 자발적, 장난꾸러기
AC	곤란한데요. 글쎄요.	소근소근, 조심, 때로는 격분	정면으로 안 봄, 반항적, 침울

효과적인 비언어적 커뮤니케이션을 하기 위한 방법은 다음과 같다.

첫째, 비언어적 커뮤니케이션은 언어적 커뮤니케이션과 병행하여 보완적으로 사용하는 것이 바람직하다. 비언어적 커뮤니케이션 방법을 단독으로 사용할 경우 전달하고자 하는 의미를 왜곡시킬 수가 있다.

예를 들면 『레미제라블』의 저자 빅토르 위고(Victor-Marie Hugo, 1802-1885)는 스위스 여행 중 호텔에서 버섯요리를 먹고 싶었는데 말이 통하지 않아 웨이터에게 버섯을 그려 주었다. 그런데 웨이터는 알았다는 듯이 고개를 끄덕이고 잠시 후 우산을 가져다 주는 것이었다.

언어적 커뮤니케이션을 통해 전달하고자 하는 의미를 명확히 하고 비언어적 커뮤니케이션을 통해 이를 강조함으로써 보다 효과적인 커뮤니케이션을 할 수 있다.

둘째, 비언어적 커뮤니케이션을 세밀하게 관찰하는 것이 좋다. 정서적인 메시지의 경우, 언어적 커뮤니케이션보다는 비언어적 커뮤니케이션이 더 진실에 가깝다. 예를 들면 다른 사람과 대화 중에 상대방의 표정을 보면 진지하게 대화에 임하는지, 형식적으로 대화에 임하는지를 느낄 수 있다.

셋째, 비언어적 표현과 언어적 표현 간의 불일치가 있는지 살펴본다. 일반적으로 비언어적 표현이 언어적 표현보다 더 정확하다. 언어적 커뮤니케이션과 비언어적 커뮤니케이션 사이에 불일치가 있는 경우 비언어적 의사소통이 더 신뢰할 만한 단서를 제공한다. 예를 들면, 경직된 얼굴로 "사과할게"라고 말하는 경우, 비언어적 커뮤니케이션인 얼굴표정이 언어적 커뮤니케이션보다 정확한 의미를 전달하게 된다.

넷째, 미묘하고 해독하기 어려운 비언어적 표현을 눈여겨 보아야 한다. 예를 들면, 미소에는 다양한 의미가 담겨 있는데, 참다운 미소와 위선적인 미소 간에는 다소 차이가 있다.

다섯째, 문화의 차이에 따른 비언어적 표현의 차이를 이해해야 한다. 예를 들어 두 손가락으로 원을 만들어 보이면 미국인은 'O.K', 일본인은 '돈'으로 해석한다.

평상시 대화할 때 CP, NP, Ⓐ, FC, AC 자아상태 중 어느 자아상태에서 대화를 하는지
다른 학생들과 토의해 보기 바랍니다.

03 자아상태의 진단과 해석

학습 열기

자신의 성격을 아는 방법에는 무엇이 있을까? 먼저, 자신이 자신을 진단하는 방법이다. 이 방법은 주관적으로 자신이 보고 싶은 것만 볼 수 있어 편협할 수 있다. 다른 방법은 다른 사람이 자신을 진단하는 방법이다. 이 방법은 객관적이지만 자신과의 관계 정도, 만난 횟수 정도, 만난 기간 정도에 따라 다르게 결과가 나타날 수 있다. 더 정확한 것은 자신이 본 자신의 모습과 다른 사람이 본 자신의 공통점이다. 즉, 자화상과 타화상의 교집합이다. 교집합이 크면 클수록 더 정확하다고 볼 수 있다. 그러나 가장 정확한 것은 표준화된 도구를 통해 진단하는 것이다.

자아상태 진단

주관적 자아상태 진단

자기 자신의 자아상태 진단을 통해 더욱 균형있는 모습으로 변화하기 위해서는 상당한 노력이 필요하다. 주관적 자아상태를 진단하려면 다음과 같은 단계를 따른다.

첫 번째로, 자신의 비판적인 부모 자아(CP)정도를 보통(중심점선)과 비교해서 보다 강한(타인에 엄하고 시간이나 금전에 엄격하여 과오를 용서하지 못하는 등) 편이냐, 아니면 이하 (주위 사람에게 후하며 책임을 그다지 추궁하지 않는 등)이냐를 생각해서 중심점선 30(보통)보다 어느 정도 높은지 또는 낮은지를 정해 막대그래프를 그린다.

두 번째, 같은 방법으로 보통(중심점선)과 비교해서 자애로운 부모 자아(NP)가 보다 강한(아이들이나 타인을 돌보기 좋아한다든가 곤란한 처지에 있는 사람들을 위로하거나 격려하는 등 헤아려 주는 마음이 강한) 편인가 아니면 낮은(남에게 동정하거나 돌보아 주는 것을 싫어하는 등 남을 헤아려 주는 일이 그다지 없는) 편인가를 판단하여 자애로운 부모 자아(NP)의 정도를 측정하여 막대그래프를 그린다.

세 번째, 성인 자아Ⓐ가 강하다는 것은 현상을 관찰하거나 분석하기 위해 시간을 들이거나 타인의 의견을 참고로 하여 냉정한 결단을 내리는 것이다. 성인 자아Ⓐ가 약하다는 것은 타인의 의견에 끌려 다니거나 즉흥적으로 행동하며 결단하는 데 냉정함이 결핍되는 등 비능률적인 면을 의미한다. 성인 자아Ⓐ가 강한지와 약한지의 정도를 측정하여 막대그래프를 그린다.

네 번째, 자유로운 아이 자아(FC)는 희로애락을 자유로이 표현할 수 있는지, 말하고자 할 때 말할 수 있는지, 직관의 정도가 어떤지를 생각하여 보통(중심점선)의 상하를 결정한다.

다섯째, 남의 말에 마음이 걸려 자신의 주장을 내세우지 못하는 등 진정한 자기 자신으로 살지 못한다고 생각되면 순응한 아이 자아(AC)의 정도를 높게 막대그래프로 그린다. 그 반대로 자신은 가치 있는 사람이며, 자기희생 없이 일을 하려고 하고 진정한 자신을 살리고 있다면 AC의 정도를 낮게 막대그래프로 그린다.

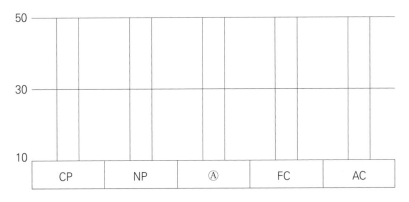

그림 25 주관적 자아상태 진단

객관적 자아상태 진단

객관적 자아상태 진단은 표준화된 문항을 가지고 진단하는 것이다.

아래 〈진단하기 전에 읽어보기〉를 읽고 자신의 행동을 생각해 볼 때 '상당히 그렇다'면 5, '다소 그렇다'면 4, '보통'이면 3, '다소 그렇지 않다'면 2, '상당히 그렇지 않다'면 1을 기입한다.

<진단하기 전에 읽어보기>

☞ 이 문항에는 정해진 답이 없다. 긴장하지 말고 편안하게 기입한다.

☞ 각 문항의 오른쪽 칸 중에 흰색으로 된 칸에 5, 4, 3, 2, 1 중 하나를 기입한다.

☞ 한 문항에 대해 너무 오랫동안 생각하지 말고 3초 이내에 표시한다.

☞ 자신과 상관없는 문항은 가상하여 표시하되, 모든 문항을 빠짐없이 기입한다.

	문항					
1	자기의 손익을 생각하고 행동하는 편이다.					
2	자신을 자유롭게 행동하는 사람이라고 생각한다.					
3	남의 말을 가로막고 자기생각을 말하는 일이 있다.					
4	생각하고 있는 바를 말하지 못하는 성질이다.					
5	다른 사람을 엄하게 비판하는 편이다.					
6	다른 사람에 대해 헤아려 주는 바가 강하다.					
7	상대방의 좋은 점을 잘 알아차리는 편이다.					
8	대화 중에 감정적이 되는 일이 적다.					
9	호기심이 강한 편이다.					
10	시간이나 금전에 대한 약속을 소홀히 하는 것을 싫어한다.					
11	사람들로부터 좋은 인상을 받고 싶어한다.					
12	남이 부탁하면 거절 못하는 편이다.					
13	양보심이 많으며 앞으로 나서지 않는 편이다.					
14	사회의 규칙, 윤리, 도덕 등을 중시한다.					
15	사물을 분석적으로 깊게 생각한 다음에 결정한다.					

16	싫은 일은 이유를 붙여 뒤로 미루는 경향이 있다.					
17	아이들이나 남의 일을 돌보아 주는 것을 좋아한다.					
18	자기생각을 주장하기보다 타협하는 일이 많다.					
19	감정적이기보다는 이성적인 편이다.					
20	예절이나 규범에 까다로운 편이다.					
21	의견이 서로 다를 때는 양쪽 의견을 모두 듣고 결정한다.					
22	오락, 음식 등을 만족할 때까지 찾는 편이다.					
23	책임감을 남에게 강하게 요구한다.					
24	남에 대해 융통성 있는 편이다.					
25	남의 안색이나 말에 신경을 쓰게 된다.					
26	불만이 있더라도 참는 편이다.					
27	"해야한다. 하지 않으면 안된다"라는 말을 자주 쓴다.					
28	말하고자 하는 것을 서슴없이 말해 버리는 편이다.					
29	작은 잘못이라도 흐지부지 지나치지 않는 편이다.					
30	남의 기대에 어긋나지 않도록 노력을 많이 한다.					
31	자기 감정을 억누르는 편이다.					
32	원하는 것을 손에 넣지 않으면 못 배기는 편이다.					
33	무슨 일이든 사실에 입각해서 판단한다.					
34	야, 멋있다, 와 등 감탄사를 자주 쓴다.					
35	자신이 없고 열등감을 느낄 때가 많다.					
36	여러 가지 책을 많이 읽는 편이다.					
37	농담을 잘하는 편이다.					
38	화내는 일이 많은 편이다.					
39	좋다, 나쁘다를 분명하게 말한다.					
40	앞으로의 일을 냉정하게 생각하고 행동한다.					
41	잘 모르는 것은 질문이나 상의해서 처리한다.					

42	아이들이나 부하의 잘못에 대해 관대하다.
43	상대방의 말에 귀를 기울여 공감하는 편이다.
44	아이들이나 부하를 엄격히 교육시킨다.
45	흥에 취하면 도가 지나치는 행동을 할 때가 있다.
46	길을 물으면 친절히 가르쳐 준다.
47	감정이 풍부하고 눈물이 많은 편이다.
48	친구나 가족들에게 무엇이든 사주는 것을 좋아한다.
49	몸이 좋지 않을 때는 자중해서 무리를 피한다.
50	동정심이 많다고 생각한다.

　　왼쪽 첫 번째 칸의 합계는 CP 점수, 두 번째 칸의 합계는 NP 점수, 가운데 칸의 합계는 Ⓐ 점수, 네 번째 칸의 합계는 FC 점수, 다섯 번째 칸의 합계는 AC 점수이다.

이고그램(마음 그림표, egogram)

　　다섯 개의 자아상태 합계 점수를 [그림 26]의 이고그램(egogram)에 그래프를 그린다. 이고그램은 번 박사와 초기부터 공동 연구한 듀세이(John M.Dusay)가 개발한 것으로, 눈으로 볼 수 있는 상징적 표현으로서 사람의 성격 전체를 여러 측면으로 나눠서 어느 부분이 강하고, 어느 부분이 약한지를 나타내는 그림이다. 즉, 이고그램은 자아상태의 움직임을 그래프로 표현한 것이다.

　　이고그램은 각자의 개성이나 특성을 파악하는 양식으로 성격이 좋다, 나쁘다를 판단하는 기준은 아니다. 자신의 겉모습은 거울에 비추어서 자세를 바르게 한다든지 복장을 단정하게 할 수 있다. 이와 같이 마음속을 거울에 비출 수 있다면, 왜곡된 자신 마음을 수정하는 기회를 얻을 수 있다. 학교생활, 사회생활 더 나아가 직장 생활에 있어 부정적인 성격은 무엇인지, 그 가능성은 어느 정도인지를 파악하고 바람직한 방향으로 수정하고 개선하는 데 활용하는 것이다.

	지배적	헌신적	현실적	개방적	의존적
50					
45					
40					
35					
30					
25					
20					
15					
10					
5					
0					
	관용적 CP(점)	방임적 NP(점)	즉흥적 Ⓐ(점)	폐쇄적 FC(점)	독단적 AC(점)

그림 26 나의 이고그램(마음 그림표)

이고그램 해석

첫째, (1차 개성) 제일 높은 점수에 주목하여 어느 자아상태가 우위인지 판단한다. 가장 강한 자아상태가 그 사람의 행동에서 가장 눈에 띄는 특징이다.

둘째, (2차 개성) 가장 낮은 자아상태의 점수를 확인한다. 이것은 일반적으로 각 자아상태의 특징과 반대가 된다.

① 낮은 비판적인 부모 자아(CP): 타인이나 사회를 비판하거나 공격하지 않는다. 소신이 없고 느슨하여 적당주의자라는 공격을 받는다.

② 낮은 자애로운 부모 자아(NP): 타인에게 그다지 관심이 없다. 무심하고 동정심이 없으며, 쓸쓸해 한다.

③ 낮은 성인 자아Ⓐ: 직관적이며 합리성이 약하다. 생각하는 것을 힘들어하고, 현실 인식이 왜곡되어 있다. 감정적이고 즉흥적이다.

④ 낮은 자유로운 아이 자아(FC): 감정 억제가 심하고 즐기지 못한다. 향락적인 사람을 좋아하지 않는다.

⑤ 낮은 순응한 아이 자아(AC): 협조성이 약하고 완고하며 융통성이 없다. 타인에게 이용당하지 않는다.

셋째, 이고그램을 더욱 자세히 보기 위해서는 부모 자아Ⓟ와 아이 자아ⓒ의 높이를 비교한다. 부모 자아Ⓟ가 높은 사람은 비판적인 부모 자아(CP)와 자애로운 부모 자아(NP)를 비교한다. 아이 자아ⓒ가 높은 사람은 자유로운 아이 자아(FC)와 순응한 아이 자아(AC)를 비교한다.

넷째, 이고그램에서 성인 자아Ⓐ 점수가 어느 정도의 크기인지를 확인한다. 성인 자아Ⓐ는 다른 자아상태를 조정, 통제하는 작용을 한다. 성인 자아Ⓐ 점수가 다른 자아상태보다 높으면 다른 자아상태를 컨트롤하는 것이 가능하다.

그러나 성인 자아Ⓐ 점수가 다른 자아상태보다 낮으면 성인 자아Ⓐ보다 큰 자아상태가 이고그램 전체 경향을 좌우할 가능성이 있다.

표 3 마음 그림표 읽는 법

높으면	자아상태	낮으면
• 높으면 높을수록 양심적·권위적·책임감·정의감·선악감·도덕관·이상적인 특징이 강하다. • 극단적으로 높을 때는 편견을 가지고 평가·비판하거나 자기주장을 강요한다. • 상대방의 말에 귀를 기울인다든지, 기분이나 감정을 받아들이지 않는다. • 상대방은 표면상 이해하는 것처럼 보이지만 실제는 위축되어 말을 못 하고 참는다. 때로는 화를 내거나 반발한다.	CP	• 긍정적으로는 관용적이지만, 부정적으로는 소신과 지조가 없다. • 상대방은 자신에게 규칙·도덕·가치관을 배울 수 없어 일관된 생활 태도를 유지하지 못한다. • 때로는 자신을 적당주의자라는 소리를 들을 수 있다.
• 높으면 높을수록 양육적·보호적·지지적인 특징이 강하다. • 극단적으로 높을 때는 과보호로 너무 간섭하거나 상대방이 버릇없어도 묵인한다. • 상대방에게 부탁을 받으면 거절하지 못한다. • 상대방은 의타심이 생겨 자주성이나 자율성이 낮아진다.	NP	• 상대방에게 쌀쌀하게 대하고 불안감을 준다. • 상대방은 위축되고 눈치를 보게 된다. • 자신의 CP가 높을 경우는 폭발하거나 여러 가지 심신 증상을 보인다.
• 높아지면 높아질수록 합리적·이성적·능률적·객관적인 특징이 강하다. • 극단적으로 높을 때는 물질 만능·무감정·자기중심적이 되어 차가운 인상을 준다. • 일이나 놀이도 계획적·현실적으로 한다. • 어린이나 팀원을 지적할 때는 기분이나 감정보다는 이성적으로 타이른다.	Ⓐ	• 상대방을 대하는 것이 서툴다. • 사실에 따른 정확한 판단이나 지시가 부족하고 심리적으로 불안하여 상대방은 불만을 가져 자신이 원하는 것을 얻을 수 없다. • 자신을 무시하거나 바보 취급당한다고 생각한다.
• 높을수록 자발적·적극적·상상적·직감적·공상을 좋아하는 특징이 강하다. • 희로애락의 감정을 솔직히 표현한다. • 어린이나 팀원은 자신과 함께 지내기를 좋아한다. • 인생을 즐기는 이미지로 비춰진다.	FC	• 정신적으로 위축되어 원하는 것을 하지 못하고, 상대방은 활력이 떨어질 수 있다. • 특히, 자신이 순응한 아이 자아(AC)가 높으면 자신을 억압하고 있으므로 고민이 많고 초라하다고 생각하여 다른 사람에게 나쁜 영향을 줄 수 있다.

	AC	
• 높을수록 순응·타협·감정을 억압하는 특징이 있다. • 무리해서라도 상대방의 기대를 충족하기 위해 자신을 기꺼이 희생한다. • 타인의 생각, 행동, 말에 민감하여 걱정과 불안이 심하다. • 가끔 상대방이 요청하는 대로 행동하여 상대방은 제멋대로 되는 수도 있다.		• 독선적인 면이 강하게 나타난다. • 특히, 자유로운 아이 자아(FC)가 높고 순응한 아이 자아(AC)가 극단적으로 낮을 때는 자기중심으로 행동하여 상대방에게 제멋대로 행동한다는 소리를 들을 수 있다. • 인간관계가 마음대로 잘되지 않는 경우가 많다.

1. 일상생활에서 CP, NP, Ⓐ, FC, AC 자아상태 중 어느 자아상태에서 주로 대화를 합니까?

2. 평상시 대화할 때 어떤 비언어적 요소를 많이 사용합니까?

다음 상황에 반응한 대화는 CP, NP, Ⓐ, FC, AC 중에 어느 자아상태에 해당하는지 적어 보십시오.

1. 친구가 중요한 입사서류를 분실했다.

   (CP) 너는 하는 일마다 그러니? 좀 제대로 해.

   (   ) 어떻게 분실했는지 잘 생각해 봐.

   (   ) 에이, 짜증나.

2. 중요한 설비가 고장 나서 업무에 지장을 주고 있다.

   (   ) 언제 수리하러 오는지 알아봐 주세요.

   (   ) 에이! 시도 때도 없이 망가져. 짜증나.

   (   ) 자기 일은 자기가 좀 더 정신을 차려서 해야지.

3. 친구가 리포트를 제 기간에 내지 못해 속상해 하고 있다.

   (   ) 속상하겠네. 내가 커피 살게. 기운 내.

   (   ) 에이, 참.

   (   ) 교수님께 상황 설명을 해보자.

4. 과 여자 동기가 화려한 옷을 입고 등교했다.

   (   ) 야, 저것 봐. 멋있지!

   (   ) 노골적으로 나타나는 옷을 입고 학교에 오다니, 말도 안 돼.

   (   ) 저 친구는 학교 오는데 왜 저런 옷을 입었을까.

5. 후배가 회의시간에 지각하여 들어와서 옆에 앉는다.

   (   ) 과제가 너무 많지? 힘들겠다.

   (   ) 또 늦잠 잤지? 시간 좀 지켜.

   (   ) 회의 시작하자.

1. 부모 자아Ⓟ는 '비판적인 부모 자아(critical parent, CP)'와 '자애로운 부모 자아 (nurturing parent, NP)'로 기능이 나뉜다.

2. 아이 자아Ⓒ는 '자유스러운 아이 자아(free child, FC)'와 '순응한 아이 마음 (adapted child, AC)'으로 기능이 나뉜다.

3. 자아상태는 부정성과 긍정성의 양면이 있다.

4. 효과적인 의사소통은 말투나 표정, 눈빛과 제스처 같은 비언어적 요소가 차지하는 비율이 높다.

5. 자기 자신의 진단을 통해 더욱 균형있는 모습으로 변화하기 위해서는 상당한 노력이 필요하다.

6. 이고그램(egogram, 마음 그림표)은 눈으로 볼 수 있는 상징적 표현으로, 사람의 성격 전체를 여러 측면으로 나눠서 어느 부분이 강하고, 어느 부분이 약한지를 나타내는 그림이다.

사람들이 원하는 모든 것은
자신의 이야기를 들어줄 사람이다.
-휴 앨리어트(Hugh Elliott)-

III

자아상태 이고그램 유형과 활성화 방법

학습 목표

- 이고그램의 유형별 특징을 설명할 수 있다.
- 자신이 선택한 연예인의 자아상태를 설명할 수 있다.
- 자아상태의 활성화 방법을 설명할 수 있다.

이고그램 유형별 특징

남자와 여자가 만나 매우 좋은 관계를 유지하다가도 어느 순간부터 틈이 생기기 시작하고 끝내는 파국을 맞는 경우를 어렵지 않게 본다. 이런 경우 많은 사람들은 그 원인을 '사랑의 식어짐'이나 인간성의 문제, 또는 당사자들의 '성격 결함' 때문이라고 생각하는 경향이 있다. 그러나 이런 문제들은 사실 남자와 여자가 가진 특성에 대해 무지하기에 발생하는 경우가 많다. 남자와 여자는 우열이 있는 것은 아니지만 차이는 있다. 그리고, 그 차이는 그리 작은 것이 아니다. 같은 상황에서 남자와 여자가 정반대로 반응하는 경우도 있다. 사람들은 대부분 자신이 남을 사랑하는 방식으로 남도 자신을 사랑할 것이라고 생각한다. 또한 자신이 생각하는 방식으로 남도 받아들일 것이라고 생각하는 경우가 많다. 그러나 이는 큰 오류이다. 남자와 여자는 다르다. 어떻게 다른가를 알고 그 차이를 존중한다면 남자와 여자와의 관계에서 일어날 수 있는 불필요한 오해와 갈등을 많은 부분에서 없앨 수 있고 매우 친밀하면서도 생산적인 관계를 지속시킬 수가 있다. 차이를 인정하고 받아들임에서 진정한 사랑이 꽃필 수 있다.

- 존 그레이의 저서 『화성에서 온 남자 금성에서 온 여자』 중 -

이고그램 유형별 특징

이고그램 유형은 후쿠시마 히로시가 그의 저서에서 243개 유형을 제시하고 있을 정도로 상당히 많다. 이고그램의 특징을 확인할 수 있는 대표적인 이고그램은 다음과 같다(* 그래프의 점수는 높고 낮음을 의미하는 것으로 절대적인 수치는 아님).

P 주도형: 걸어다니는 상식 타입

- 견실함을 제일로 삼고 비약된 사고방식을 싫어하며 '사람은 성실이 제일'이라는 생각을 좌우명으로 삼고 있는 타입이다.

- 어떤 상황, 어떤 국면을 맞더라도 오로지 정면 공격밖에 할 줄 모르는 것이 이 타입의 가장 눈에 띄는 특징이다.

- 성실하게 해 봐서 안 되는 일이면 미련 없이 넘어가는 성격이다.

- 이 타입의 결점은 도를 지나칠 줄 모른다는 점이다. 일반적으로는 당연히 도를 지나치지 않는 것이 좋겠지만 오히려 조금은 도를 지나치도록 권해야 할 만큼 고지식한 타입이다.

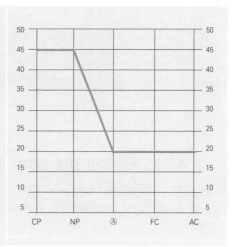

C 주도형: 어린아이 같은 에너지 높은 타입

- 사리분별이 부족한 것도 아니고 사회질서나 의리, 인정을 무시하지 않지만, 주의해서 볼 점은 높은 유아성이다.

- 호기심이 왕성하고 자유분방하며, 소유하고 싶은 것은 반드시 손에 넣어야 직성이 풀리는 성격이다.

- 사람들에게 칭찬받고 싶고 호감을 사고 싶은 마음이 강하여 타인의 뜻에 부응하기 위해 지나치게 노력하기도 한다. 결국, 본성은 잘 알 수 없는 타입이다.

- 사회인 대다수는 진심으로 살아가기를 원하면서도 덧없는 세상에 얽매여 마음은 성숙하지 못한 채 겉모습만 앞서가고 있다.

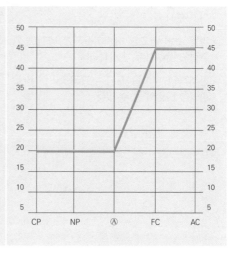

A 주도형: 집적회로 내장 타입

- 균형 감각을 최대의 특기로 삼는 타입이다.

- 마음 영역이 과부족 없는 양으로 채워져 있고 지혜의 집적회로가 확실하게 갖추어져 있다.

- 일반적인 직업을 갖고 평범한 일상을 보내는 것이 좋다면, 이 이상 복 받는 성격은 없다.

- 이 성격과 다른 성격을 가진 사람을 만나더라도, 어려움을 극복할 수 있다.

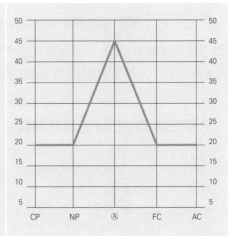

CP 주도형: 독립적인 것을 원하는 타입

- 이상, 정의, 도덕을 중시하며 어깨에 굉장한 힘을 주지만, 비난, 강제, 공격성을 숨기는 타입이다.

- 항상 등을 곧게 펴고 멋을 내며 큰소리치고 싶어 하지만, 보다 박력 있는 행동은 취하지 못한다.

- 어리숙한 사람에게 칭찬을 받고 싶은 욕구와 비위를 거스르기는 싫은 모순을 극복하기가 쉽지 않다.

- 언뜻 보면 완고한 아저씨같지만 제대로 된 고집도 갖추지 못한 사람이다.

- 공격적인 부분을 조금 누그러뜨리면 바로 평범한 타입이 될 수 있다.

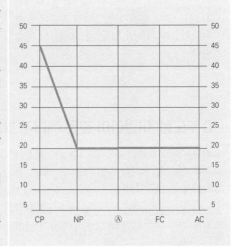

NP 주도형: 자상한 마음씨의 '자타 공존' 추구 타입

- 의리와 인정이 넘칠 뿐만 아니라 그 외의 성격에도 이렇다 할 나쁜 점은 보이지 않기 때문에 틀림없이 세간으로부터 좋은 평가를 받을 타입이다.

- 어떤 환경, 어떤 상황에 있더라도 솔직하고 밝게 협조하므로 주위에는 사람들이 계속 모여든다.

- '남을 깊이 배려하고 관용적인 성격이라 정말로 이상적이다'라는 부분에서 인생이 완결된다. '이런 사람이라면 무언가 훌륭한 일을 해낼 것 같다'든가 '이 사람에게는 상당히 깊은 속이 있을 것 같다'라는 생각은 들지 않는다.

- 좀 더 목적을 지향하고 이성의 증강을 꾀하는 것이 좋다.

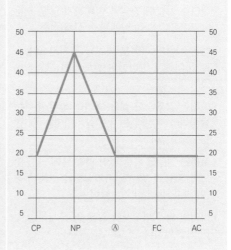

FC 주도형: 자유분방한 타입

- 호기심의 안테나를 항상 세우고 있으며 물욕, 성욕, 식욕의 본능적인 욕망에 열중하는 정도가 평범한 사람들보다는 상당히 높다.

- 자기실현의 방향은 권세나 권력으로 향하는 일이 없고 반면, 봉사활동이나 종교활동 등에서 정신의 안위를 추구하는 일도 있다.

- 이런 타입이 동경해 마지않는 것은 끝없는 호기심을 만족시켜줄 도박이나 예술, 남녀관계, 순수한 의미의 학문이나 탐험이다.

- 가끔은 방종이나 충동성이 불쑥 보여 사람들을 놀라게 한다.

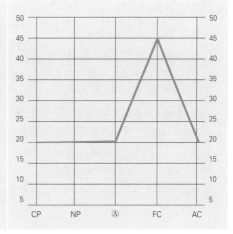

AC 주도형: 자기비하 타입

- 대다수 사람이 진위가 명확하지 않은 소문을 퍼뜨리고 다녀 남에게 큰 상처를 준다.
- 다른 사람의 가벼운 의견을 진지한 표정으로 중대하게 받아들여 햄릿처럼 고민하는 것이 특징이다.
- 어떠한 경우라도 싫은 내색을 하지 못하는 성격이라 주위의 눈치만 살피기 때문에 안절부절못한다.
- 돌출된 행동을 하는 일이 없어 눈에 띄지 않으며, 재능이 있어도 자기실현을 하지 못해 원하는 인생이 될 가능성이 적다.
- 타인의 의견이나 생각 같은 건 무시하는 것이 최고 약이다.

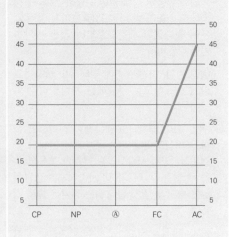

CP 결핍형: 맺고 끊을 줄 모르는 다재다능 타입

- 팔방미인형으로 무슨 일이든 참견하고 여기저기 돌아다니는 사이에 어느새 인생의 종착역을 맞이하게 되는 타입이다.
- 사리 분별이 뛰어나고 창의력이나 표현력도 있으며, 의리와 인정도 소홀히 하지 않아 사람들로부터 호감을 사는 타입이다.
- 목적 성취 심리보다 타협, 조화의 심리가 너무 강하다 보니 꾸준한 추진력이 부족하다.
- 남은 남, 나는 나라는 식으로 좀 더 강하게 맺고 끊을 수 있다면 전도유망한 인재가 될 가능성이 있다.

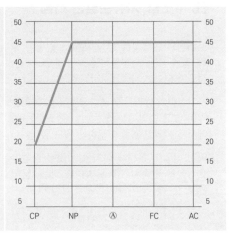

NP 결핍형: 번민하는 다면적 인간 타입

- 의지가 강한 합리주의자로 마음먹은 대로 행동하는 부분까지는 모든 것이 분명하고 깔끔한 성격이다.

- 매사에 척척 해내겠다는 의지는 왕성하지만 성격의 한구석에 열등감과 의존심, 허영심이 매달려 있어 그런 의지에 제동을 건다.

- 목적지향과 본능적 욕구의 충족을 꾀하면서도 항상 중요한 부분에서는 마무리하지 못한다. 이러한 점이 이 타입의 초조함과 과민을 더욱 증폭시키는 요인이다.

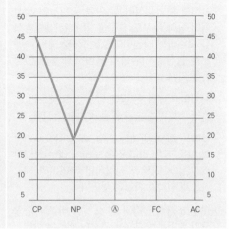

A 결핍형: 이성이 방황하는 타입

- 강한 목적지향, 가까운 사람들에 대한 깊은 애정, 자유분방한 감정, 가만히 있으면서 이득을 보고자 하는 의존성이 모두 높은 에너지를 발산하고 있어서 매우 산만한 타입이다.

- 슈퍼맨이 아닌 이상 그렇게 산더미 같은 일들을 완벽하게 해낼 수 없으니 결국에는 모두 엉성하게 된다.

- 차라리 안 하느니만 못한 상황이 된다. 이런 단점을 해결할 길은 상대적으로 이성과 지성의 에너지를 높이는 방법밖에 없다.

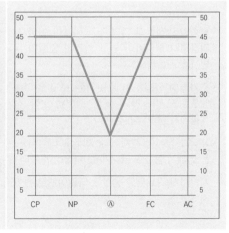

FC 결핍형: 몸이 머리를 따라주지 못하는 타입

- 사회의 모범생이라 할 만큼 종합적인 정신력이 높아 누구도 흠잡을 일 없는 생활방식을 고수하는 타입이다. 그런 생활 태도 속에서는 감정을 자유롭게 표현하지 못해 인생을 즐기지 못하는 경우가 많다.

- 사회의 기대를 한 몸에 받는 생활 태도만 고수하다 보면 한숨을 돌릴 곳이 없어진다.

- 낮에는 회사, 밤에는 가정, 휴일에는 사회참여 활동, 무엇 하나 소홀히 하지 않는 성격이기 때문에 아무리 정력적인 타입이라 해도 어느새 지치고 피로가 쌓인다.

- 모두 조금씩 신경을 덜 쓰거나 비교적 중요도가 떨어지는 부분은 과감히 버려야 한다.

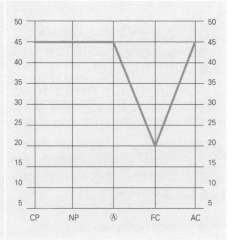

AC 결핍형: 공적, 사적으로 에너지가 과잉인 타입

- 일종의 만점주의 타입으로, 이상이 높아 정의감이나 책임감이 높고 의리와 인정이 두텁다.

- 호기심이 왕성하여 무엇이든 보고 알려는 태도로 도전해 간다. 또한, 취미나 오락, 성생활에서 탐구심이 강하다.

- 체력과 정신이 지치거나, 재주도 바닥나 모든 면에서 삼류로 끝나게 될 가능성이 높다.

- 지나치게 다채로운 생활 스타일이므로 한가지에만 몰두하는 것이 좋다.

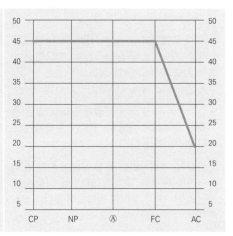

V 형: 구제불능 타입

- 자신의 언동에 일관성이 없고 어리석다는 점을 알지 못하는 타입이다.

- 실현 불가능한 이상이나 사명감을 추구하며, 필요 이상으로 주위에 신경쓰거나 사회 모범생이 되고자 한다.

- 또한, 타인의 결점이나 실패만 보지 자기 자신의 결점은 자각하지 못한다.

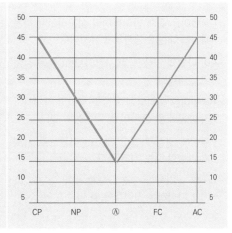

역 U 형: 최상의 견본 타입

- 실력을 겸비한 만능타입으로, 사업가에게 있어 최상에 가깝다든지 예술가에게 '딱'이라는 이고그램들은 있지만 그것은 그런 방면에서만 이상적인 타입이다.

- 이 타입은 그런 만능에 가까운 정신구조를 지니고 있어 만병통치약에 비유할 수 있다.

- 이런 타입에 대해서는 거의 흠을 잡을 필요가 없기 때문에 장황하게 설명할 필요도 없다.

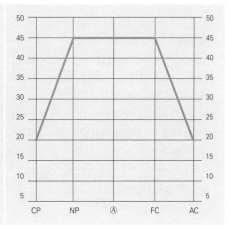

W형: 만능 지향으로 지쳐버리는 타입

- 무엇이든 좋게 받아들이고 성공하고자 하는 욕심을 내는 인생관의 소유자이다.

- 이 타입의 인생은 24시간이 크고 작은 갈등의 연속이다.

- 무엇이든 넘쳐나게 욕심을 부리고 가지려하기 때문에 일 중독이 될 가능성이 있다.

- 일생에 걸쳐 가볍고 개운한 마음으로 처세가 가능한 때는 거의 없다.

- 너무 엄격한 눈으로 외부를 보지 말고 지나치게 자학하는 경향을 줄일 필요가 있다.

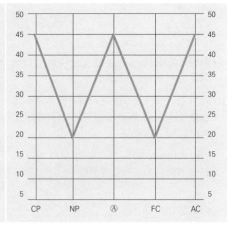

N형: 우유부단한 타입

- 자신을 억제하며 타인과의 관계에 잘하려는 경향을 보인다.

- 남에게 엄격하게 대하지 못하고 자신의 입장과 능력을 돌아보지 않는 희생과 봉사에 몰입할 수 있다.

- 인생에 대한 엄격함이나 자신의 주관, 가치관이 약해서 남에게 이용당하거나 속임을 당하기 쉽다.

- 스트레스를 느끼기 쉽고 내부에 억압된 감정을 축적해 가는 형이다.

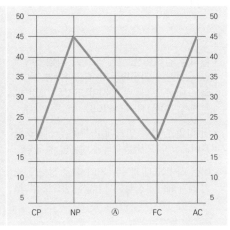

역 N형: 고성능 엔진 타입

- 타인에게 비판적이며 자신을 적극적으로 주장하고 남에게 맞추기보다는 자기 중심의 행동을 한다.

- 남을 위해 봉사하려는 감정은 약하고 주위와 마찰을 일으키기 쉬운 형이다. 그러나 그 성격을 좋은 방향으로 가져갈 때 강력한 리더십을 발휘한다.

- 남의 감정을 건드리고, 대수롭지 않게 여기며, 한번 말을 끌어내면 남의 말은 듣지 않고 고집하는 수가 있다.

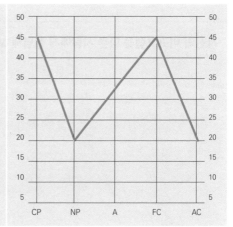

M형: 서정 중시의 인간 타입

- 고집 세고 무계획적이다. 매우 인간적이며 주위의 어려움을 돌본다. 풍부한 창조성과 감정을 갖고 있으며 다정다감하다.

- 언제나 밝고 느긋한 분위기 메이커이다.

- 계획보다는 행동을 우선하고 사물을 감각적으로 판단하므로 논리적인 체계가 부족하다.

- 호기심이 왕성하고 표현력이 풍부하지만 기분대로 덜렁대고 생활에 질서가 없다. 현실 감각이 다소 부족하다.

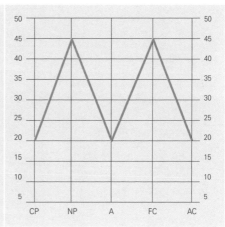

자신의 이고그램을 다른 사람에게 설명해 보십시오.

02 연예인의 자아상태

학습 열기

철학자 니체는 "젊은 시절, 자신이 가야 할 방향을 잘 파악하고 그것에 전념하면 훨씬 현명하고 멋지게 자신의 인생을 살아갈 수 있다"라고 강조하였다. 니체가 여기서 말하는 "자신이 가야 할 방향, 충실한 자신의 인생"이란 결국 자신만의 매력 포인트를 발견하는 것으로부터 시작된다. 성공한 리더들의 공통점은 그들만의 매력이 넘치는 사람이며, 그들만의 탁월한 리더십과 그것들이 자연스럽게 어우러지면서 더욱 많은 사람의 사랑을 받게 되었다는 것이다.

연예인의 자아상태 분석[2]

K대학교 재학생에게 연예인 4명을 대상으로 자아상태를 진단하게 하였다. 연예인은 유재석, 강호동, 이수근, 서장훈 4명이다. 유재석은 〈유 퀴즈 온더 블럭〉 프로그램에 출연하였고, 강호동과 이수근, 서장훈은 〈아는 형님〉 프로그램에 출연했다.

4명 연예인은 70년대 생이다. 유재석은 72년생, 강호동은 70년생, 이수근은 75년생, 서장훈은 74년생이다. 유재석과 이수근은 개그맨이고 강호동과 서장훈은 운동선수이다. 강호동은 씨름, 서장훈은 농구선수이다.

---

2 학생들이 진단한 연예인의 자아상태 결과는 해당 이고그램의 특징을 설명한 것으로 실제 성격과는 다를 수 있음.

연예인을 진단한 학생은 2021년과 2022년에 저자의 수업을 들은 163명의 학생이다. 이 수업은 교양수업으로 1학년부터 4학년까지 수강신청할 수 있다. 남학생은 57명, 여학생은 106명이다.

진단 방법은 4명 연예인 중에 한 명을 선택해서 '내가 아는 OOO은/는~'으로 시작되는 문항을 읽고 1점부터 5점까지 점수를 주었다. 예를 들면 문항을 읽고 '상당히 그렇지 않다'면 1, '상당히 그렇다'면 5, 보통이면 3에 체크하게 했다.

유재석 자아상태: 서정중시형 타입

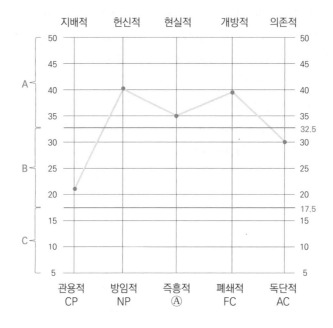

성격

이 타입은 다른 사람에게는 정(情)을 주고 자신에게는 즐거움이라는 쌍두마차를 타고 종횡무진으로 움직인다. 무리하게 기세를 부리거나 교활한 마음이 없다. 허영을 부리거나 체면을 차리지 않는다. 개방적인 인생을 보낼 수 있어 다른 사람의 부러움의 대상이 된다.

기를 쓰고 거스르려 하지 않는 점이 이 타입의 매력이며, 이 타입만이 맛볼 수 있는 특권이다. 이 타입은 경쟁에 뛰어들지 않는 것이 좋다. 자유업, 특히 문예, 연예, 미술 등 분야에 적합하다.

대인관계
- 연인, 배우자: 대표적인 낭만적 인간형인 이 타입과 결혼하게 된다면 상대방에게 많은 부와 권력을 요구해서는 안 된다.
- 상사: 회사의 일과 자신 취미나 오락을 반반씩 갖추고 있는 타입이다.
- 동료, 부하직원: 회사에서는 이런 사원들이 자유롭게 일할 수 있는 문화를 갖추어야 한다.

강호동 자아상태: 자유분방한 타입

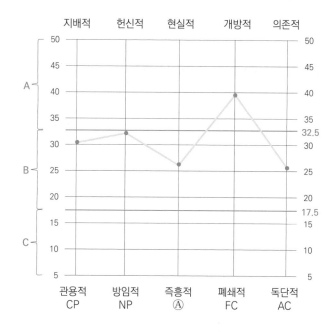

성격
이 타입은 호기심의 안테나를 항상 세운다. 물욕, 성욕, 식용 등 본능적인 욕망에 열중하는 정도가 평범한 사람보다 심하다. 사회적으로나 개인적으로도 무턱대고 상식이 모자란 행동을 취하는 일이 없고, 사리분별도 남들에게 떨어지지 않는다. 자기실현의 방향은 권세나 권력보다는 봉사활동이나 종교활동으로 정신적 안위를 추구한다.

이런 타입이 동경하는 것은 끝없는 호기심을 만족시킬 수 있는 예술, 남녀관계, 순수한 의미의 학문이나 탐험이다. 가끔은 방종이나 충동이 사람들을 놀라게 한다.

대인관계

- 연인, 배우자: 이런 성격의 배우자와 잘해나갈 수 있느냐 없느냐는 두 사람의 감정이 맞느냐 안 맞느냐에 달려있다.
- 상사: 상사의 기분에 따라 의사결정이 좌우된다. 빈틈없이 비위를 맞춰주며 상대를 봐 가면서 의견을 말해야 한다.
- 동료, 부하직원: 디자이너나 카피라이터, 기획, 홍보 등에 적합하다.

이수근 자아상태: 사람 좋은 도련님 타입

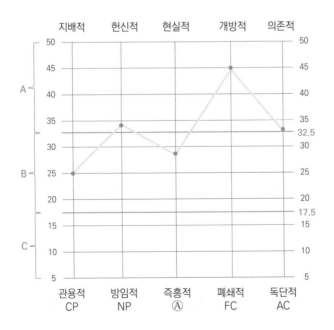

성격

이 타입은 장난꾸러기와 자상한 어머니의 조합이다. 무엇을 생각하고 어떤 행동을 취할지 불명확한 사람이지만 하는 일에 결말이 잘 나지 않는다. 아무리 시간이 흘러도 인생의 깨달음이 부족하여 자기 자신의 감정과 주위의 동향에 번뇌하는 시간이 많다. 쓸데없이 참견하는 성격이며, 아이처럼 자기 고집대로 천진난만하게 굴기도 한다. 반면, 소극적이고 겁이 많은 부분도 있어 이 모든 것들이 한데 섞여 나오기 때문에 삶의 흐름이 모순되기 쉽다.

대인관계

• 연인, 배우자: 이런 상대와 결혼하게 되면 희로애락 풍파에서 상당히 번뇌한다. 마음 편하게 지내고 싶은 사람에게는 부적합한 타입이다.
• 상사: 감정의 진폭이 상당한 큰 타입으로 그때그때의 태도에 너무 신경 쓰지 않는 것이 좋다.
• 동료, 부하직원: 좁은 마음으로 바라보고 대한다면 관계는 문제가 생긴다.

서장훈 자아상태: 출세를 꿈꾸는 타입

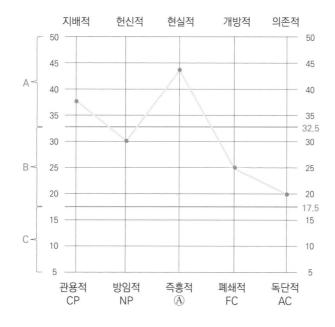

성격

이 타입은 권위와 권력을 간절히 원하는 사람으로, 모든 권위와 권력의 획득에 자신이 가진 이성과 지성을 총동원한다. 목표를 향해 매끄럽게 전진하기 위해 인정이나 의리, 자유로운 감정표현, 주위에 대한 배려 등을 어느 정도의 높이로 끌어올려 균형을 맞추어야 한다. 따라서 이 유형은 전력을 다해 배려나 동정심 부족에 신경 쓰고 무리하게 야단법석을 떨지 않으며 인내, 타협, 주위에 대한 배려 등을 자유자재로 연출한다.

이런 시나리오를 연기하기 위해서는 매우 강한 의지와 회전이 빠른 정밀한 분별력이 병행해야 한다. 이 유형이 바로 그렇게 행동할 수 있는 유형 중 하나이다.

대인관계

- 연인, 배우자: 이 타입은 대부분 남성이지만, 여성이면 대부분 가정보다 일에 중점을 두는 전문직 유형이다.
- 상사: 출세에 상당히 관심있는 사람이다. 상대방은 이용가치에 따라 취사 선택될 수 있다.
- 동료, 부하직원: 실수하지 않는 것만 생각하고 있는 귀염성 없는 유형이다.

학생이 좋아하는 연예인의 자아상태를 진단하고, 학생의 이고그램과 비교해
보십시오.

03 자아상태 활성화 방법

  인지부조화(cognitive dissonance)란 용어가 있다. 이 용어는 태도와 행동이 일치하지 않을 경우 사람들이 느끼는 긴장과 불안을 말한다. 사람들은 긴장과 불안을 감소시키기 위해 태도나 행동을 바꿔 태도와 행동의 조화를 추구한다.

  야나스와 만(1965)은 담배를 피우는 사람들에게 폐암에 걸린 환자의 역할을 하게 하였다. 피험자들은 폐암의 증상이 나타나 있는 사진을 보았고, 의사에게 환자처럼 자신의 병을 설명했고, 자신이 폐암에 걸렸다는 이야기를 들었다. 이어 자신이 수술대에 누워 폐암 수술을 받는 장면을 상상했다. 이러한 경험은 정서적으로 매우 심하게 흥분되는 경험이었다. 피험자들은 흡연에 대해 가지고 있던 긍정적인 태도와 상반되는 행동을 직접 연기한 것이다. 6개월 후 역할 연기를 한 사람들 대부분이 담배를 피우지 않고 있었으며, 흡연에 대해서도 부정적인 태도를 가지고 있었다. 결국 행동이 태도를 바꿔 버린 것이다.

자기 개선 목표설정과 방법

자신의 성격에 문제가 있다는 것을 아는 사람들은 좋은 방향으로 개선하려고 한다. 자신을 개선한다는 것을 이고그램으로 말한다면 부모 자아ⓟ, 성인 자아Ⓐ, 아이 자아Ⓒ 간의 에너지 배분을 바꾼다는 것과 같다.

심리적 에너지도 육체적 에너지와 유사하여 대체로 그 총량은 일정하므로 어느 자아상태를 높이면 다른 자아상태의 에너지는 줄어든다. 각 자아상태를 높이는 구체적 방법은 자아상태의 언어, 행동, 태도 등에 대한 구체적 행동계획을 세워 실천하는 것이다.

첫째, 목표를 정확히 한다. 현실의 이고그램에 붉은 연필로 원하는 이상적 이고그램을 그린다. 다음에는 어느 부분을 어떻게 바꿀 것인가를 생각한다. 일반적으로는 자애로운 부모 자아(NP)와 자유로운 아이 자아(FC)를 높이고, 순응한 아이 자아(AC)는 NP와 FC보다 낮추는 방향으로 목표를 세우는 것이 좋다. 즉, 원만한 인간관계형이 이상적 이고그램이다.

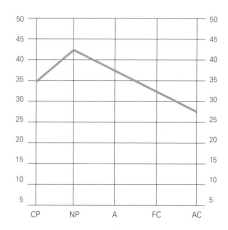

둘째, 높은 자아상태를 낮추는 것보다 낮은 자아상태를 높이도록 한다. 가장 그 사람다운 행동을 일으키는 것은 가장 높은 자아상태이다. 인격의 주도권을 쥐고 있는 높은 자아상태를 낮추는 것은 어렵다. 오히려 낮은 자아상태를 높이는 프로그램을 설계하여 실천하는 것이 더 좋다.

자아상태별 활성화 방안

　　낮은 자아상태를 높이기 위해 자신의 환경과 처지에 맞는 방법을 찾아 활성화
해야 한다.

비판적인 부모 자아(CP) 활성화 방법

- 자신을 갖고 큰 소리로 이야기한다.
- 등을 펴고 동작을 크게 한다.
- 인생 목표, 업무 목표 등을 명확히 세운다.
- 결정, 결심한 것을 끝까지 한다.
- 가훈, 좌우명을 만들어 수시로 읽는다.
- 모임 리더 역할을 맡는다.
- 사물의 옳고 그름을 명확히 가린다.
- 타인에 대한 평가를 확실하게 한다.

자애로운 부모 자아(NP) 활성화 방법

- 상대방의 이야기를 친근감 있게 듣는다.
- 먼저 전화로 안부를 묻고 문자도 보낸다.
- 사랑의 감정을 격려하고 용기를 북돋아 준다.
- 모임에서 차나 먹을 것을 먼저 가져다준다.
- 가끔 요리하여 주변 사람들을 초대한다.
- 타인의 부탁은 기분 좋게 받아들이고 최대한 지원한다.
- 노인이나 아이들에게 다정히 손을 잡아준다.
- 다른 사람이 듣기 좋아하는 말을 준비해서 건넨다.

성인 자아Ⓐ 활성화 방법

- 늘 메모하는 습관을 기른다.
- 하고 싶은 것을 미리 문장화, 구체화한다.

- 감정이 격해질 때 사이를 두고 천천히 말한다.
- 무엇이든 계획을 세우고 행동한다.
- 찬부 양쪽을 모두 파악하고 판단한다.
- 육하원칙을 활용하여 묻고 생각한다.
- 현실 상황, 여건을 고려하여 행동한다.
- 선, 요가, 명상, 자율 훈련 등 자기조절 훈련을 한다.

자유로운 아이 자아(FC) 활성화 방법

- 재미있는 상상을 하며 크게 웃어본다.
- 자질구레한 일에 구애받지 않는다.
- 낙관적으로 생각하고 행동한다.
- 개그를 보고 유행하는 농담을 해본다.
- 등산, 수집, 감상 등 취미활동을 적극적으로 한다.
- 즐거운 공상을 통해 즐거운 기분에 빠진다.
- 모임에서 앞에 나가 먼저 발표를 해 본다.
- 동호회에 가입하여 적극적으로 참여한다.

순응한 아이 자아(AC) 활성화 방법

- 상대방의 말에 먼저 긍정한다.
- 집단이나 타인이 정한 사항에 따른다.
- 내심 불만이라도 즉각 표현하지 않는다.
- 주위를 생각하고 상대방의 기분을 살핀다.
- 부정, 거부하는 말은 한 번 더 생각한다.
- 세상사에 선입견이나 편견을 갖지 않도록 한다.
- 자신의 기분, 감정을 조절하고 억제한다.
- 풍파, 분란을 일으키는 일에 앞장서지 않는다.

원만한 인간관계형에 비추어 보았을 때, 낮은 자아상태를 활성화하는 방법 중에서 학생의 상황과 여건, 시간 등을 고려하면 가장 적합한 방법은 무엇입니까?

다음의 상황을 읽고 CP, NP, Ⓐ, FC, AC 에 해당되는 점수를 마음그림표에 그려 보십시오.

<지침>

- 높으면 16점, 낮으면 4점, 중간이면 10점을 부여한다.
- 해당되는 자아상태에 점을 찍고, 선 그래프를 그린다.

1. 완고하고 체면을 중시하며(CP↑), 생각이 깊고 현실적이며(A↑), 직원을 부드럽게 보다는 엄격하게 대하며(NP↓), 감정표현이 거의 없으며(FC↓), 자신의 의견을 명확하게 제시하지 않는(AC↑) 고독한 관리자

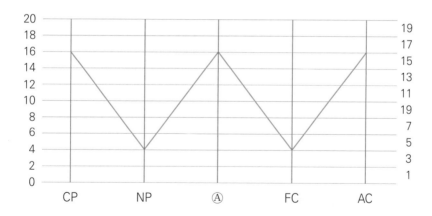

2. 평생 다른 사람에게 큰 소리치지 못하고, 자신의 감정을 드러내지 않은 어머니, 자신보다는 부모나 남편 또는 다른 사람의 뜻에 따라 행동하고, 자신을 위한 것은 거의 없으며 가족을 위해 헌신했던 어머니

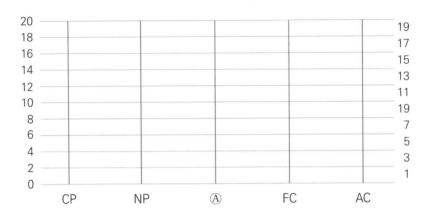

3. 활동적이고 적극적이기는 하나 매사에 비판적이고 부정적이며, 업무 수행 중 사람을 가리지 않고 고객이나 동료와 자주 다투었던 영업사원

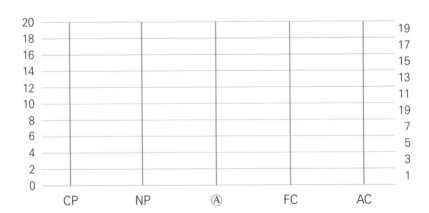

4. 주관은 약하나 밝고 부드러우며 마냥 즐거운 타입. 차분하지 못해 덜렁거리고
   잘못한 일이 있어도 고집을 피우는 직원

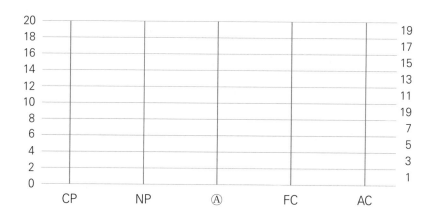

1. 부모 자아Ⓟ 주도형은 걸어다니는 상식 타입으로 견실함을 제일로 삼고 비약된 사고방식을 싫어하며 '사람은 성실이 제일'이라는 생각을 좌우명으로 삼는다.

2. 아이 자아ⓒ 주도형은 어린아이 같은 에너지 높은 타입으로 사리분별이 부족한 것도 아니고 사회질서나 의리, 인정을 무시하지 않지만, 높은 유아성을 주의해서 봐야 한다.

3. 성인 자아Ⓐ 주도형은 집적회로 내장 타입으로 균형 감각을 최대의 특기로 삼는다.

4. 비판적인 부모 자아(CP) 주도형은 독립적인 것을 원하는 타입으로 이상, 정의, 도덕을 중시하며 어깨에 굉장한 힘을 주지만, 비난, 강제, 공격성을 숨기는 타입이다.

5. 자애로운 부모 자아(NP) 주도형은 자상한 마음씨의 '자타 공존' 추구 타입으로 의리와 인정이 넘칠 뿐만 아니라 그 외의 성격에도 이렇다 할 나쁜 점은 보이지 않기 때문에 다른 사람으로부터 좋은 평가를 받는다.

6. 자유로운 부모 자아(FC) 주도형은 자유분방한 타입으로 호기심의 안테나를 항상 세우고 있으며 물욕, 성욕, 식욕의 본능적인 욕망에 열중하는 정도가 평범한 사람들보다는 지극히 높다.

7. 순응한 아이 자아(AC) 주도형은 자기비하 타입으로 대다수 사람이 진위가 명확하지 않은 소문을 퍼뜨리고 다녀 남에게 큰 상처를 준다.

8. 비판적인 부모 자아(CP) 결핍형은 맺고 끊을 줄 모르는 다재다능 타입으로 무슨 일이든 참견하고 여기저기 돌아다니는 사이에 어느새 인생의 종착역을 맞이하게 된다.

9. 자애로운 부모 자아(NP) 결핍형은 번민하는 다면적 인간 타입으로 의지가 강한 합리주의자로 마음먹은 대로 행동하는 부분까지는 모든 것이 분명하고 깔끔한 성격이다.

10. 성인 자아Ⓐ 결핍형은 이성이 방황하는 타입으로 강한 목적지향, 가까운 사람들에 대한 깊은 애정, 자유분방한 감정, 가만히 있으면서 이득을 보고자 하는

의존성이 모두 높은 에너지를 발산하고 있어서 매우 산만하다.

11. 자유로운 아이 자아(FC) 결핍형은 몸이 머리를 따라주지 못하는 타입으로 사회의 모범생이라 할 만큼 종합적인 정신력이 높아 누구도 흠잡을 일 없는 생활방식을 고수한다.

12. 순응한 아이 자아(AC) 결핍형은 공적, 사적으로 에너지가 과잉인 타입으로 이상이 높아 정의감이나 책임감이 높고 의리와 인정이 두텁다.

13. 이고그램을 활용한 자기개선 방법으로 (1) 원하는 이고그램을 그려서 목표를 정확히 하고, (2) 높은 자아상태를 낮추는 것보다 낮은 자아상태를 높이도록 한다.

사막이 아름다운 것은
어딘가에 샘이 숨겨져 있기 때문이다.
- 생텍쥐페리(1900-1944)-

IV

자아상태의 도해

학습 목표

- 대화 발신 도해방법을 설명할 수 있다.
- 대화 수신 도해방법을 설명할 수 있다.

01 대화 도해방법과 발신 분석

북미의 인디언들은 대화를 할 때 큰 지팡이인 토킹 스틱(talking stick)을 사용한다고 한다. 토킹 스틱은 사람들이 모일 때마다 사용되는데 발언은 이 지팡이를 가진 사람에게만 허용된다. 토킹 스틱을 가지고 있는 동안은 누구의 방해도 받지 않고, 자신의 생각을 이야기할 수 있다. 저자도 기업강의할 때 토킹 스틱 대신 종이컵을 사용하여 조별 토의를 진행한 적이 있다.

『성공하는 사람들의 7가지 습관』의 저자 스티븐 코비(Stephen R. Covey, 1932~2012)는 그의 저서 『성공하는 사람들의 8번째 습관』(2004)에서 다음과 같이 말한다.

"모든 사람들이 말하고 들으면서 완전한 커뮤니케이션의 책임을 진다. 모두가 자신의 말을 이해시켰다고 느끼는 순간, 놀라운 일이 일어난다. 부정적 감정과 논쟁이 사라지면서 상호존중의 분위기가 형성되고, 그들은 창조적으로 변한다. 새로운 아이디어가 생겨나고, 제3의 대안이 나온다. 인디언 토킹 스틱 커뮤니케이션 방식에서 또 한 가지 중요한 요소는 침묵이다. 다른 사람들의 말에 공감하기 위해서는 조용히 듣고 있어야 한다."

교류분석에서는 대화의 개념을 한 사람의 자아상태에서 보내는 자극에 대해 다른 사람의 자아상태에서 반응이 되돌아오는 것으로 정의한다. 대화분석은 구조분석이나 기능분석에 따라 명확하게 이해한 자아상태를 근거로 일상생활 속에서 주고받는 말이나 행동, 태도를 분석하는 것이다. 더 나아가 상대방과의 인간관계를 하는 데 있어 장애가 되는 요인을 제거하는 것이다. 즉, 대화분석은 사람들의 자아상태가 서로 어떻게 작용하는가, 즉 자극과 반응과의 관계를 간결한 모양으로 분석하여 명확히 하는 것이다.

발신자의 자아상태

대화는 발신자와 수신자 간에 진행된다. 교류분석에서는 어느 자아상태에서나 발신할 수 있다고 본다. 발신자의 부모 자아ⓟ, 성인 자아Ⓐ, 아이 자아ⓒ 중에 어느 자아상태에서도 발신할 수 있다. 그러나 각 자아상태의 발신은 발신자가 처해 있는 환경과 마음, 생각, 행동에 따라 다르다. 자세히 살펴보면 다음과 같다.

부모 자아ⓟ에서의 발신(ⓟ →)은 부모 또는 양육자의 모습과 같은 언동으로 비판적, 통제적(CP)이거나 보호적(NP)이다.

성인 자아Ⓐ에서의 발신(Ⓐ →)은 사실을 근거로 해서 상황을 판단하고 냉정하게 교류한다.

아이 자아ⓒ에서의 발신(ⓒ →)은 유아기와 같은 행동방식으로 자신의 감정과 느낀대로 발신하거나(FC), 상대방의 기분이나 감정을 상하지 않게 행동하는 것(AC)이다.

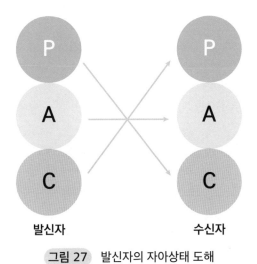

그림 27 발신자의 자아상태 도해

발신자의 자아상태 연습

발신자: 내 엔진에 이상이 있는 것 같습니다.

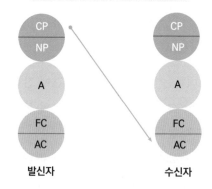

발신자: 이거 고친 거야? 안 고친 거야?

발신자: 오늘 날씨 좋지? 등산하러 갈까?

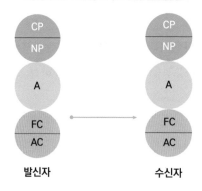

발신자: 헌표! 어제 과제 잘 했어?

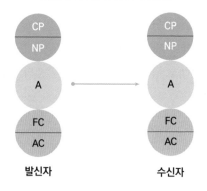

발신자: 정아야! 그렇게 입으니까 너무 멋지다! 역시!

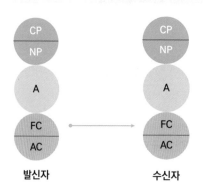

발신자: 헌표! 요즘 정신 어디다 두고 다녀?

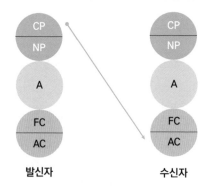

학생이 평상시 자주하는 대화는 다섯 가지 자아상태 중 어느 자아상태에서 주로
발신합니까?

02

자아상태 수신 방법

사람들은 어떤 내용을 알게 되면 그것을 다른 사람에게 전달하지만, 그 이야기를 처음에 누가 했고 누구로부터 전해들었는지와 같은 정보원(information source)을 망각하는 경향이 있다. 시간이 흘러도 메시지의 내용은 대략 기억하는데 반해 그 메시지를 누가 전달했는지와 같은 메시지의 정보원은 쉽게 잊히기 때문이다. 이러한 현상을 수면자 효과(sleeper effect)라고 한다. 대개 메시지를 전달하고 그것을 전달하는 사람의 신빙성이 나중에 제시되었을 때 수면자 효과가 일어나기 쉽다.

사람들은 일단 메시지를 받으면 그 메시지를 정보처리한다. 그런 다음 의사전달자가 누구인가를 전달하게 되면 이미 그 메시지에 대한 정보처리는 끝난 상태이기 때문에 의사전달자의 신빙성은 영향을 덜 미치게 된다.

수신자의 자아상태

교류분석에서는 발신과 마찬가지로 어느 자아상태에서든 수신할 수 있다고 본다. 수신자의 부모 자아ⓟ, 성인 자아Ⓐ, 아이 자아ⓒ의 어느 자아상태에서도 수신할 수 있다. 자세히 살펴보면 다음과 같다.

부모 자아ⓟ로 향한 수신(→ ⓟ)은 상대방에게 지시를 바라는 말 또는 행동이거나(CP), 원조나 지원을 바라는 말과 행동이다(NP).

성인 자아Ⓐ로 향한 수신(→ Ⓐ)은 사실이나 정보를 수집하려고 한다든지, 또는 상대방에게 그것들을 전하려는 말이나 행동으로 수평적으로 교류하려는 것이다.

아이 자아ⓒ로 향한 수신(→ ⓒ)은 상대방의 감정을 자극하거나 상대방의 감정에 호소하는 말이나 행동이다. 상대방을 낮추어 보거나 약하게 보는 경우에는 보통 대개 아이 자아ⓒ로 향한다. 관심이나 이해를 나타내는 자애로운 부모 자아(NP)일 때에는 자유로운 아이 자아(FC)로 향하지만, 비판적인 부모 자아(CP)는 주로 순응한 아이 자아(AC)로 향한다.

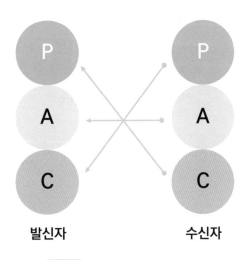

그림 28 수신자의 자아상태 도해

수신자의 자아상태 연습

발신자: 김 대리, 어제 올린 품의서 결재 잘 끝났어?

수신자: 네, 그거 다 끝냈어요!

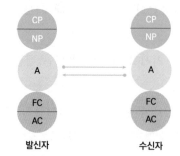

발신자: 당신, 그렇게 입으니까 너무 멋쟁이다! 역시!

수신자: 고마워요. 역시 당신 보는 눈은 여전해요!

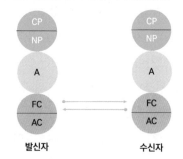

발신자: 박대리, 자네 요즘 정신 어디다 두고 다녀?

수신자: 죄송합니다. 요즘 집안에 걱정거리가 있어서요.

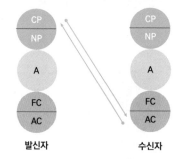

발신자: 너 옷차림이 왜그래?

수신자: 뭐가 어때서 그래?

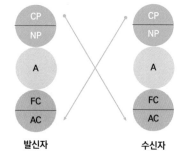

학생은 다섯 가지 자아상태 중에 어느 자아상태로 주로 수신을 하고 있습니까?

발신자의 자아상태 연습

다음 대화가 발신자의 어느 자아상태에서 발신하고 있는지 적어 보십시오.

1. 뭐 다른 의견은 없습니까? (A →)

2. 왜 무슨 일이 있습니까? (　　　)

3. 홍길동 씨, 이게 왜 이런지 설명 좀 해주세요. (　　　)

4. 그 과제 얼마나 진행됐지? (　　　)

5. 이거 어떻게 해야 해요? (　　　)

6. 무슨 일이 있어도 오늘 저녁까지 이걸 다 처리해 주세요. (　　　)

7. 이 프로젝트는 아직도 몇 가지 검토해야 하겠습니다. (　　　)

8. 깨끗이 잘했어. 항상 믿을 만하다니까. (　　　)

9. 도대체 어떻게 하라는 겁니까? (　　　)

10. 과제 할 거야. 안 할 거야. (　　　)

11. 교수님은 뻑 하면 팀플이야. 팀플 수업이 뭐가 좋다고. (　　　)

12. 조장이면 다야? 시키기만 하고. (　　　)

13. 학생! 과제 왜 이렇게 하지! (　　　)

14. 학생, 이걸 계획서라고 제출한거야? 다시 작성해! (　　　)

15. 학생! 학생의 지도교수 성함이 어떻게 되지요? (　　　)

수신자의 자아상태 연습

다음 대화가 발신자의 어느 자아상태에서 발신하고 있는지 적어 보십시오.

1. 과제가 늦어서 미안해. 서둘러 할게.(→ CP)

2. 왜 이렇게 늦어. 늦으면 전화연락도 못하니? (→   )

3. 그 친구만 아니었으면 일이 잘 되는 건데 말이야.(→   )

4. 저 홍길동씨는 아무래도 나사가 빠진 것 같아. 안 되겠어. (→   )

5. 우리 조장 왜 그래? 그 조장 때문에 과제 망치겠어.(→   )

6. 너 참 힘들어 보이는구나.(→   )

7. 요새 젊은 것들은 무책임해서 큰일이야!(→   )

8. 저 선배 왜 그래?(→   )

9. 무슨 영업소가 그렇게 불친절한지 모르겠어. (→   )

10. 조금만 더 하면 잘 할 수 있어. (→   )

11. 죄송해요. (→   )

12. 자 퇴근합시다. (→   )

13. 자, 끝났다. 한잔하자! (→   )

14. 자기야, 이 옷 어때? 멋있지? (→   )

15. 김 동기씨, 이 게임 정말 재밌어요.(→   )

1. ⓟ에서의 발신(ⓟ→)은 부모 또는 양육자의 모습과 같은 언동으로 비판적, 통제적 (CP)이거나 보호적(NP)이다.

2. Ⓐ에서의 발신(Ⓐ→)은 사실을 근거로 해서 사물을 판단하고 냉정하게 전한다.

3. Ⓒ에서의 발신(Ⓒ→)은 유아기와 같은 행동방식으로 자신의 감정과 느낀대로 발신하거나(FC), 상대방의 기분이나 감정을 상하지 않게 행동하는 것(AC)이다.

4. ⓟ로 향한 수신(→ⓟ)은 상대방에게 지시를 바라는 말 또는 행동이거나(CP), 원조를 청하려는 말이나 행동이다(NP).

5. Ⓐ로 향한 수신(→Ⓐ)은 사실이나 정보를 수집하려고 한다든지, 또는 상대방에게 그것들을 전하려는 말이나 행동으로 상대방과 수평적으로 교류하려는 것이다.

6. Ⓒ로 향한 수신(→Ⓒ)은 상대방의 감정을 자극한다든지 감정에 호소하는 말이나 행동이다.

험담은 세 사람을 죽인다.
말하는 자. 험담의 대상자. 듣는 자
　　　　　-미드라쉬(Midrash)-

V

대화의 3대 교류

학습 목표

- 상보교류의 도해방법과 특징을 설명할 수 있다.
- 교차교류의 도해방법과 특징을 설명할 수 있다.
- 이면교류의 도해방법과 특징을 설명할 수 있다.

01

상보교류

사람들은 보통 깨어 있는 시간의 75% 이상을 대화하는 데 보낸다고 한다.

상당히 많은 시간을 대화하면서 보내지만 대화방법을 잘 알지 못해 심리적으로 고통을 받거나 인간관계에 어려움을 겪기도 한다.

다음은 가족 간의 대화이다.

엄마: (설거지 하다가 아빠를 보며 차분하게) 여보! 애들이랑 밖에 나가서
　　　같이 놀아주세요.

아빠: (TV만 보며 대답 안함)

엄마: (짜증스럽게 소리 지르며) 여보! 내 말 안 들려요?

아빠: (귀찮다는 듯이) 에이!

아빠: (TV 보다가 피곤하여 잠듦)

엄마: (잠든 아빠의 등짝을 때리면서 크게 화를 내며) 일어나! 지금 잠이 와?

아빠: (깜짝 놀라며 같이 화를 내며) 뭐야! 나 좀 쉬자. 5일 내내 일하고
　　　이제야 쉬는 거잖아.

엄마: (화를 내면서) 나는 뭐 내내 놀았어? 오랜만에 쉬는 거니까
　　　놀아주라는 거잖아!

아이 1: 엄마 아빠 싸우지 마! (울먹임)

아이 2: (더 크게 울고 있음)

위 가족의 대화처럼 부정적인 말은 인간관계를 단절시키거나 왜곡하는 결과를 가져온다. '혀는 독사의 침보다 더 독이 많고 혓바닥은 창보다 더 깊이 몸을 찌른다'라는 격언을 생각하게 한다.

상보교류 개념

　상보교류(complementary transaction)는 발신자의 자극에 대해 기대하는 대로 수신자가 반응하는 상호 평행선 교류를 말한다. 발신자가 필요로하는 정보가 수신자에게 전달되고 발신자가 얻고자 하는 정보가 수신자로부터 발신된다. 교류가 계속 진행될 가능성이 높다. 즉, 사회적 수준의 교류와 심리적 수준의 교류가 일치한다.

　상보교류는 자극과 반응이 상호 평행하다. 대화는 화살표로 나타내는데 자극을 위에 표시하고 반응을 아래에 표시한다. 예를 들면 교수가 학생에게 "○○학생! 과제 제출했어요?"라고 물으면, 학생은 "네. 교수님, 제출했어요"라고 대답한다. 자아상태Ⓐ에서 서로 대화하고 교류는 원만히 진행된다. 아래 그림과 같이 화살표가 평행하다. 발신자가 원하는 자극이 수신자에게 전달된다.

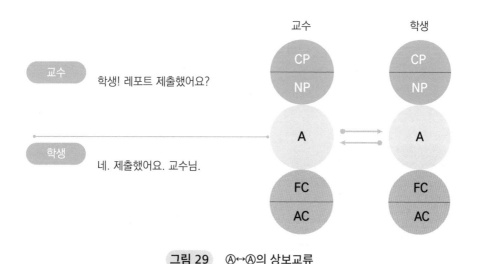

그림 29　Ⓐ↔Ⓐ의 상보교류

　두 자아상태의 발신과 수신 방향은 평행하며, 특별한 변화가 없는 한 상호 지지하는 대화는 계속된다. 교류의 제1법칙은 '화살표가 평행선이 될 때는 대화는 계속해서 진행 된다.'이다.

상보교류 사례

예를 더 들어보자.

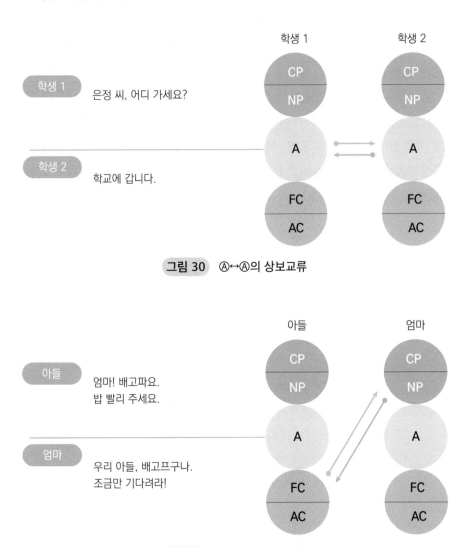

학생 1

학생 1　은정 씨, 어디 가세요?

학생 2　학교에 갑니다.

그림 30　Ⓐ↔Ⓐ의 상보교류

아들

아들　엄마! 배고파요.
밥 빨리 주세요.

엄마　우리 아들, 배고프구나.
조금만 기다려라!

그림 31　FC↔NP의 상보교류

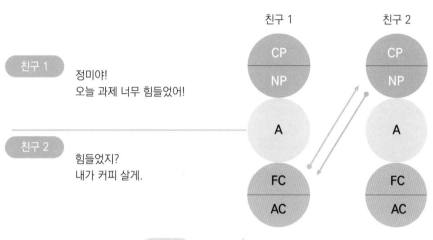

그림 32 FC↔NP의 상보교류

친구 1
정미야!
오늘 과제 너무 힘들었어!

친구 2
힘들었지?
내가 커피 살게.

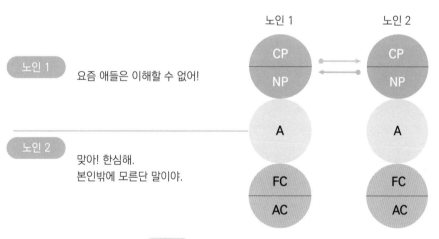

그림 33 CP↔CP의 상보교류

노인 1
요즘 애들은 이해할 수 없어!

노인 2
맞아! 한심해.
본인밖에 모른단 말이야.

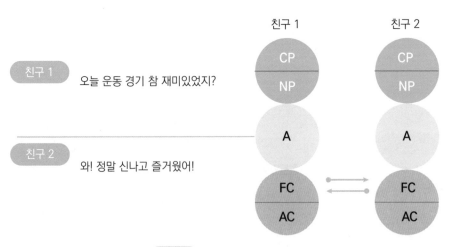

친구 1

오늘 운동 경기 참 재미있었지?

친구 2

와! 정말 신나고 즐거웠어!

그림 34 FC↔FC의 상보교류

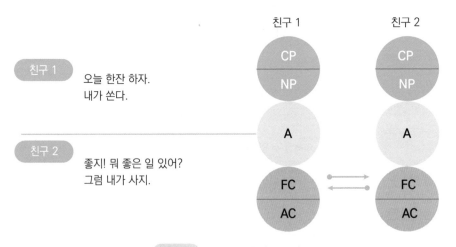

친구 1

오늘 한잔 하자.
내가 쏜다.

친구 2

좋지! 뭐 좋은 일 있어?
그럼 내가 사지.

그림 35 FC↔FC의 상보교류

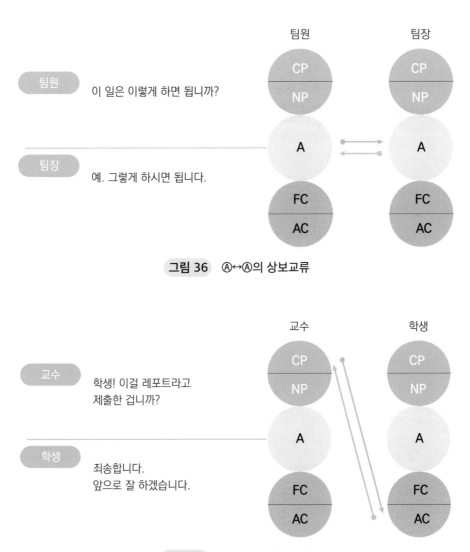

팀원 이 일은 이렇게 하면 됩니까?

팀장 예. 그렇게 하시면 됩니다.

그림 36 Ⓐ↔Ⓐ의 상보교류

교수 학생! 이걸 레포트라고
제출한 겁니까?

학생 죄송합니다.
앞으로 잘 하겠습니다.

그림 37 CP↔AC의 상보교류

학생의 기분 좋은 대화는 주로 어느 자아상태에서 발신하고 상대방의 어느
자아상태로부터 수신한 대화입니까?

교차교류

지난 장에 이어 가족의 대화를 계속 이어가 보자.

엄마: (애정을 가지고 아이들을 안으면서 말한다) 엄마 아빠 싸우는 거 아니야.
    (눈물을 닦아준다).

엄마: (아빠 따라 방에 들어감. 아빠는 침대에 누워있음)
    (침착 하려고 했지만 잘 안되어 큰 소리로) 내가 말하고 있는데 왜 그냥 들어가?
    내 말이 말같지 않아?

아빠: (크게 소리 지르며) 아, 진짜 그만해. 좀 쉬자고!

엄마: (덩달아 소리 지르며) 나도 하루 종일 집안일하고 애들 보느라 힘든데
    당신이 도와주어야 하는 것 아냐?

아빠: (투덜거리며) 아 진짜!

엄마: (더욱 화를 내며) 당신이 살림해! 내가 돈 벌어 올게. 에이!.

아빠: (담배를 들고 씩씩거리며 현관 문을 열고 나가며) 참 잘 벌어 오겠다.

    서로의 감정이 폭발하여 더 안좋은 방향으로 대화가 진행되고 있다. 아이들이 걱정된다. 결말이 어떻게 끝날지 궁금하다. 이러한 나쁜 대화는 말하는 사람, 즉 발신자의 자아상태와 듣는 사람, 즉 수신자의 자아상태가 서로 다르기 때문이다.

교차교류

　교차교류(crossed transaction)는 화살표가 교차하는 교류로 발신자가 기대하는 대로 수신자가 반응해 오지 않고, 기대 밖의 반응을 할 때 일어나는 교류이다. 화제로 삼은 내용에 대해 즉각 대화가 단절될 가능성이 높다. 침묵이 계속되거나, 화제가 바뀌거나 시비가 지속된다. 따라서 교차교류는 인간관계에서 고통의 근원이 된다.

　교차교류는 두 화살표가 교차하기 때문에 평행선이 되지 않는다. 예를 들면, 학생의 성인 자아Ⓐ에서 "교수님, 오늘 과제 제출했어요"라고 교수의 성인 자아Ⓐ로 발신할 때, 교수의 비판적인 부모 자아(CP)가 학생의 순응하는 아이 자아(AC)를 향해 "OO학생! 어제까지가 과제 제출기간이야. 한심하긴"이라고 반응하는 경우이다. 교수와 학생의 이 대화는 좋은 대화로 이어질 가능성이 적다. 이후에 예상되는 대화는 학생이 교수에게 "다른 학생들도 오늘까지로 알고 있습니다!"라든가, "그렇다고 한심하다고 하는 것은 아닌 것 같습니다" 등과 같은 말이다.

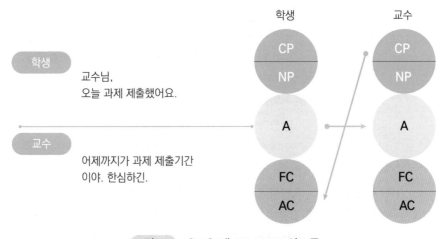

그림 38　Ⓐ→Ⓐ 대 CP→ AC 교차교류

　발신자가 기대한 교류가 차단됨으로써 서로 간의 교류는 단절된다. 교류의 제 2법칙은 '화살표가 교차할 때에는 그 화제에 관한 소통은 즉시 단절되기 쉽다'이다.

교차교류 사례

교차교류의 예를 더 들어보자.

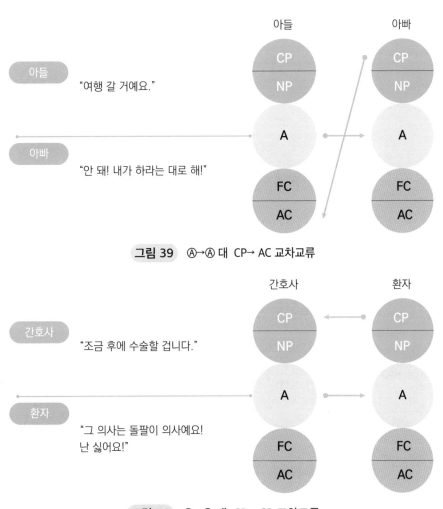

그림 39 Ⓐ→Ⓐ 대 CP→ AC 교차교류

그림 40 Ⓐ→Ⓐ 대 CP→ CP 교차교류

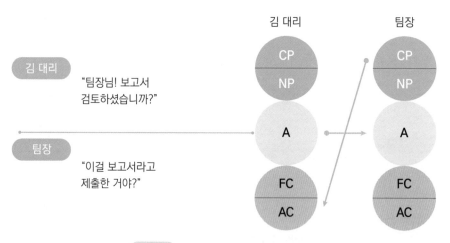

그림 41 Ⓐ→Ⓐ 대 CP→ CP 교차교류

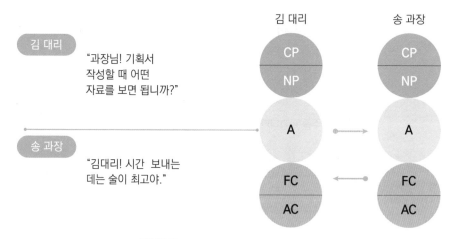

그림 42 Ⓐ→Ⓐ 대 FC→ FC 교차교류

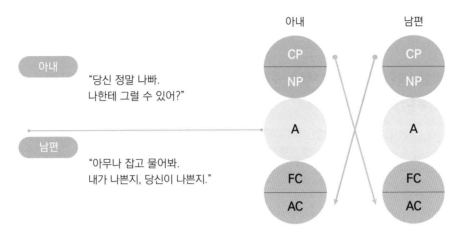

그림 43 CP→AC 대 CP→ AC 교차교류

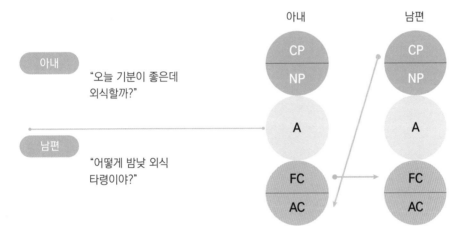

그림 44 FC→ FC 대 CP→ AC 교차교류

학생에게 기분이 안 좋은 대화는 주로 어느 자아상태에서 상대방의 어느 자아상태로 발신하는 대화입니까?

이면교류

가족의 대화는 어떻게 끝났을까?

아빠: (흥분을 가라앉히고) 현관문을 열고 들어와 소파에 앉는다.

엄마: (흥분을 가라앉히며 차분하게) 내 말 좀 들어봐요! 당신이 일주일 내내
　　　 일해서 힘든 건 잘 아는데 애들이 당신하고 놀고 싶어해요.

아빠: (아내를 쳐다보며 차분하게) 어제 야근해서 오늘은 너무 힘들어.

엄마: (피곤해 하는 남편이 안쓰럽게 느껴져서 진심으로) 여보! 많이 피곤하지?

아빠: (미안해하는 아내를 보며 더 미안해져서) 아니야! 내가 많이 피곤한가 봐.
　　　 (본인을 쳐다보고 있는 아이들을 보며 사랑스럽게) 한 시간만 자고 놀아 줄게.

아이들 : (기뻐하며) 아빠! 진짜? 진짜로?

아빠: (덩달아 기뻐하며) 그럼~! 기분이 좋네. 지금 놀자.
　　　 (꼬르륵 소리가 들린다. 민망해한다.)

엄마: (못들은 척하며) 내가 당신이 좋아하는 순두부찌개 해줄게.

아빠: (더 신나하며) 그래! 난 아이들과 브루마블할게!

아이들: 아빠 최고야! (웃음)

엄마: (기분 좋아서) 아빠와 아이들에게 뽀뽀한다.

아빠: (아내를 껴안으며) 화를 내서 미안해!

엄마: (남편 얼굴을 보며) 저도 미안해요.

(가족들은 저녁 먹고 즐거운 시간을 보냈다)

　　위의 사례처럼 말은 커다란 힘을 가지고 있다. 상대가 원하는 대화는
인간관계를 보다 바람직하고 유익한 것으로 만든다. 한마디로 '상대방이
원하는대로 대접하라'라는 백금률의 실천이다.

이면교류

이면교류(ulterior transaction)는 속으로는 욕구, 의도 혹은 사건의 진상 등이 숨겨져 있고, 겉으로는 속마음과 다른 형태의 교류가 진행되는 것을 말한다. 사회적 수준의 교류와 심리적 수준의 교류가 일치하지 않는다. 이면교류는 자신이 알 때도 있지만 모를 때도 있다.

어머니와 결혼한 딸의 대화를 예로 들어보자. 어머니는 표면상으로는 언제까지나 딸을 아이로 생각하고 돌보고자 하는 말을 하지만, 이면에는 어머니 자신이 딸에게 의지하고 싶은 것이다. 결혼한 딸은 표면상으로는 자식에게 의지하고자 하는 어머니의 기분을 받아들여서 어린아이 모습으로 행동(FC)하지만, 이면에는 오히려 어머니를 위로하는 부모의 마음(NP)이 반응한다.

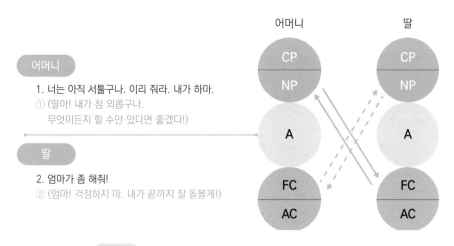

그림 45 NP→FC(FC→NP) 대 FC→NP(NP→FC) 이면교류

교류의 제3법칙은 '이면교류로 인해 나타나는 결과가 표면적 메시지가 아니라 숨겨진 메시지에 의해 결정된다'이다.

이면교류 사례

팀장이 임원회의에 다녀와서

팀장

1. "김 대리! A영업팀은 실적을 또 갱신했네."
① (김 대리는 왜 자리에 앉아있는 거야?
고객은 안 만나고! 아이구, 저걸 그냥!)

김 대리

2. "그것 참 잘 되었네요."
② (그걸 왜 나한테 말하는 거야?
자기는 생각도 없으면서.)

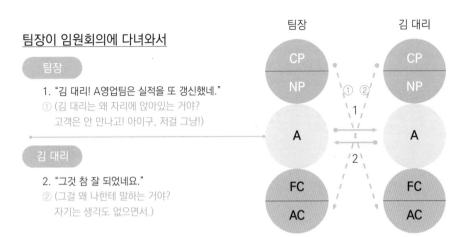

그림 46 Ⓐ→Ⓐ(CP→AC) 대 Ⓐ→Ⓐ(CP→AC) 이면교류

새벽 1시에 들어온 남편을 보면서

아내

1. "도착한다는 시간보다 많이 늦으셨네요."
① (늦으면 늦는다고 연락도 못해?)

남편

2. "대리기사님이 길을 잘못 들었어."
② (늦을 수도 있지. 뭘 그래?)

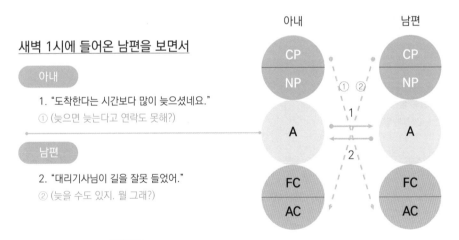

그림 47 Ⓐ→Ⓐ(CP→AC) 대 Ⓐ→Ⓐ(CP→AC) 이면교류

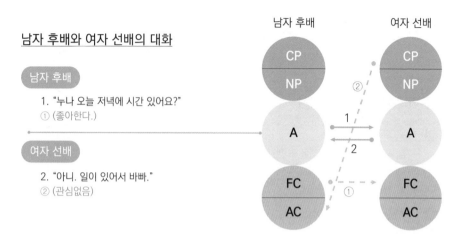

남자 후배와 여자 선배의 대화

남자 후배

1. "누나 오늘 저녁에 시간 있어요?"
   ① (좋아한다.)

여자 선배

2. "아니. 일이 있어서 바빠."
   ② (관심없음)

그림 48 Ⓐ→Ⓐ(FC→FC) 대 Ⓐ→Ⓐ(CP→AC) 이면교류

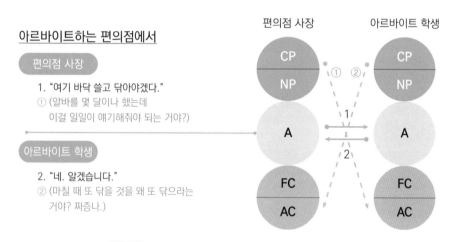

아르바이트하는 편의점에서

편의점 사장

1. "여기 바닥 쓸고 닦아야겠다."
   ① (알바를 몇 달이나 했는데
   이걸 일일이 얘기해줘야 되는 거야?)

아르바이트 학생

2. "네. 알겠습니다."
   ② (마칠 때 또 닦을 것을 왜 또 닦으라는
   거야? 짜증나.)

그림 49 Ⓐ→Ⓐ(CP→AC) 대 Ⓐ→Ⓐ(CP→AC) 이면교류

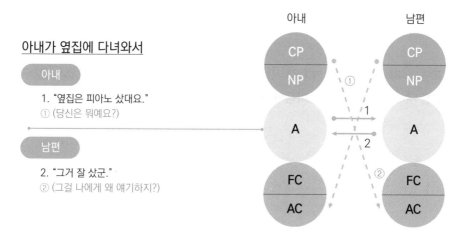

아내가 옆집에 다녀와서

아내

1. "옆집은 피아노 샀대요."
① (당신은 뭐예요?)

남편

2. "그거 잘 샀군."
② (그걸 나에게 왜 얘기하지?)

그림 50 Ⓐ→Ⓐ(CP→AC) 대 Ⓐ→Ⓐ(CP→AC) 이면교류

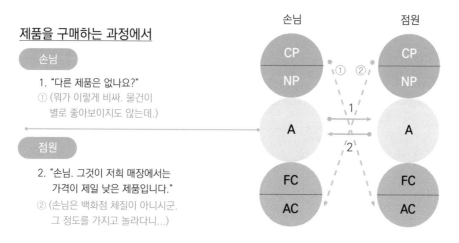

제품을 구매하는 과정에서

손님

1. "다른 제품은 없나요?"
① (뭐가 이렇게 비싸. 물건이
별로 좋아보이지도 않는데.)

점원

2. "손님. 그것이 저희 매장에서는
가격이 제일 낮은 제품입니다."
② (손님은 백화점 체질이 아니시군.
그 정도를 가지고 놀라다니...)

그림 51 Ⓐ→Ⓐ(CP→AC) 대 Ⓐ→Ⓐ(CP→AC) 이면교류

성찰 질문

표면상 대화와 이면교류가 다른 사람과 대화할 때 어떤 기분이 듭니까?
또한 대화하면서 상대방 속마음이 보일 때 어떤 기분이 듭니까?

다음의 대화를 읽고 도해 하십시오.

팀장

"이렇게 해 보는 건 어떨까?"

팀원

"고맙습니다.
그렇게 해 보겠습니다."

선배

"야, 반갑다!
술 한잔 해야지."
(이면대화: 얘는 맨날 봐도
인사를 안 해!)

후배

"네. 형! 잘 지내시죠?
술 좋죠! 마시러 가요."
(이면대화: 무슨 만날 때마다
술 먹자는 거야? 술 잘 못하는데)

팀장
CP
NP
A
FC
AC

팀원
CP
NP
A
FC
AC

선배
CP
NP
A
FC
AC

후배
CP
NP
A
FC
AC

직원 1

직원 2

직원 1

"그 일 어떻게 돼가고 있나?"

직원 2

"일은 무슨 일? 커피 마시자!"

직원 1	직원 2
CP	CP
NP	NP
A	A
FC	FC
AC	AC

1. 교류에는 사회적 수준의 교류와 심리적 수준의 교류가 있다.

2. 상보교류(complementary transaction)는 발신자의 자극에 대해서 기대하는 대로 수신자가 반응을 하는 상호 평행선 교류이다.

3. 상보교류는 화제로 삼은 내용에 대해서 계속 진행될 가능성이 높다.

4. 대학(사회)생활에서의 교류는 상보교류에서 시작해서 상보교류로 끝나는 것이 좋다.

5. 상대방이 말하려는 것, 즉 의도를 잘 경청하는 것도 상보교류이다.

6. 교차교류(crossed transaction)는 발신자가 기대하는 대로 수신자가 반응해 오지 않고, 기대 밖의 반응을 할 때 일어나는 것으로 화살표가 교차하는 교류이다.

7. 교차교류는 인간관계에서 고통의 근원이 된다.

8. 원칙적으로 교차교류는 하지 않는 것이 좋다.

9. 이면교류(ulterior transaction)는 사회적 수준의 교류와 심리적 수준의 교류가 서로 다른 교류이다.

10. 이면교류는 표면상 말한 것과 다른 숨겨 놓은 뜻이나 의도를 전달하는 교류이다.

11. 대화를 원만하게 계속하려면 말보다는 이면에 숨겨진 의도를 알아야 한다.

12. 커뮤니케이션 능력을 향상시키려면 이면대화는 단절되어야 한다.

13. 부정적인 교류가 많아져서 대인관계를 악화시킬 경우가 많다는 것을 알아야 한다.

한마디의 말이 들어맞지 않으면
천 마디의 말을 더 해도 소용이 없다.
- 채근담-

VI

대화의 5대 유형과 응용

학습 목표

- 일어나기 쉬운 대화의 세 가지 유형을 설명할 수 있다.
- 가까운 사이에서 일어나는 대화의 두 가지 유형을
  설명할 수 있다.
- '나 전달법'의 개념을 설명할 수 있다.

01

옛날에 소와 사자가 살았다. 둘은 서로를 너무나 사랑했기에 결혼을 하기로 했다. 결혼식장에서 주례가 신랑 신부에게 물었다. "사자 군! 소 양! 둘은 살아가면서 서로에게 최선을 다하겠다고 약속하는가?" 둘은 모두 "예" 하고 대답했다.

최선을 다하기로 약속한 소는 사자를 너무나 사랑했기 때문에 매일 아침 들판에 나가 가장 싱싱하고 맛있는 풀만을 베어 사자에게 주었다. 사자는 괴로웠지만 사랑하는 소를 위해 말없이 참았다. 사자도 사랑하는 소를 위해 매일 초원에 나가서 사냥을 해서 여리고 부드러운 살코기만을 골라 정성껏 소에게 주었다. 소 역시 괴로웠지만 사자가 상처를 받을까 봐 묵묵히 참았다.

둘은 서로를 위해 열심히 풀을 뜯고 사냥을 하였다. 그러나 시간이 흐르자 둘은 견딜 수 없었고 마침내 이혼을 하였다. 소는 소대로, 사자는 사자대로 각자의 방식대로만 서로를 이해하고 배려하면서 자신은 최선을 다했다고 생각했던 것이다.

일어나기 쉬운 3대 대화 유형

성인 자아Ⓐ ↔ 성인 자아Ⓐ

첫 번째, 성인 자아Ⓐ에서의 발신은 상대방의 성인 자아Ⓐ의 반응을 기대한다. 이 대화는 냉정한 대화나 문제를 해결할 때 도움이 된다. 예를 들면, 고객이 직원에게 하는 "이 물건 수명은 어느 정도나 됩니까?"라는 성인 자아Ⓐ의 발신은 "네. 평균 5년은 확실합니다"라는 직원의 성인 자아Ⓐ 반응을 기대하는 것이다. 그런데 직원이 "왜요? 싸구려처럼 보이나요?"라고 비판적 부모 자아(CP)로 반응한다면 고객은 당황하거나 "직원이 고객한테 꼭 그렇게 말해야겠어요?"라고 비판적인 부모 자아(CP)로 반응을 할 수 있다.

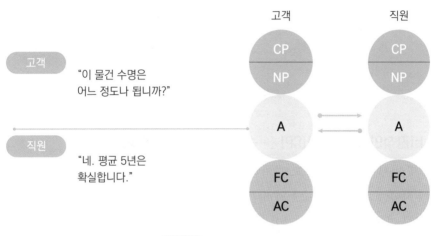

그림 52 Ⓐ↔Ⓐ의 대화

자유로운 아이 자아(FC) ↔ 자애로운 부모 자아(NP)

두 번째, 자유로운 아이 자아(FC)에서의 발신은 상대방의 자애로운 부모 자아(NP)의 반응을 기대한다. 자신의 감정을 발산하거나 표현하면서 상대방의 이해나 원조를 청하는 것이다. 예를 들면, 초등학생 아이가 "엄마! 나 수학시험 80점이야. 80점! 잘했지?"라고 자유로운 아이 자아(FC)에서 엄마에게 말했다면, 열심히 공부해서 좋은 성적을 받은 것을 엄마의 자애로운 부모 자아(NP)로 인정을 받고 싶은 것이다. 이때 엄마가 "아이구! 우리 아들, 좋아하는 게임을 하지 않고 공부하더니 80점이나 받았구나. 장하네!"라고 자애로운 부모 자아(NP)로 말했다면 아이는 더 열심히 공부할 것이다. 그러나, 엄마가 "80점 받은 것을 가지고 웬 호들갑이야? 엄마가 알아봤는데 너희 반 모든 학생이 90점 이상 받았다고 하더라. 방에 가서 공부해! 게임 하면 혼날 줄 알아!"라는 비판적인 부모 자아(CP)로 반응했다면 이 아이는 엄마와 대화하는 것이 두렵거나 망설여질지도 모른다.

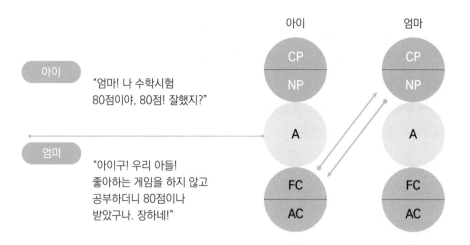

아이
"엄마! 나 수학시험
80점이야, 80점! 잘했지?"

엄마
"아이구! 우리 아들!
좋아하는 게임을 하지 않고
공부하더니 80점이나
받았구나. 장하네!"

그림 53 FC↔NP의 대화

비판적인 부모 자아(CP) ↔ 순응하는 아이 자아(AC)

세 번째, 비판적인 부모 자아(CP)에서의 행동이나 태도는 상대방의 순응하는 아이 자아(AC)를 향하며 순응하거나 회피하는 반응을 기대한다. 예를 들면, 비판적인 부모 자아(CP) 상태인 팀장이 팀원에게 "이걸 보고서라고 쓴 겁니까? 오늘 퇴근 전까지 다시 보고 하세요!"라고 말한 것은 팀원에게 순응한 아이 자아(AC) 상태에서 "예. 죄송합니다. 다시 해오겠습니다."라는 반응을 기대하는 것이다.

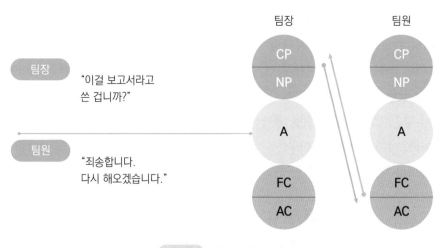

팀장
"이걸 보고서라고
쓴 겁니까?"

팀원
"죄송합니다.
다시 해오겠습니다."

그림 54 CP↔AC의 대화

가까운 사이에서 일어나기 쉬운 2대 대화 유형

비판적인 부모 자아(CP) ↔ 비판적인 부모 자아(CP)

첫 번째, 비판적인 부모 자아(CP)에서 제3의 인물이나 상태를 화제를 가지고 발신하는 것은 상대방의 비판적인 부모 자아(CP) 반응을 기대한다. 자신이 비판하고 있는 인물이나 상태에 대하여 상대방의 동의를 구하는 것이다. 예를 들면, 입사 동기가 "우리 팀 김 팀장 있잖아, 인격을 무시하는데 정말 미치겠어. 자존심이 상해서 정말!"이라고 말하는 것은 동기에게 비판적인 부모 자아(CP)로 "그래 그 팀장. 어떻게 팀장까지 승진했는지 몰라"라고 제3자인 팀장을 지적하는 데 동조를 구하는 것이다.

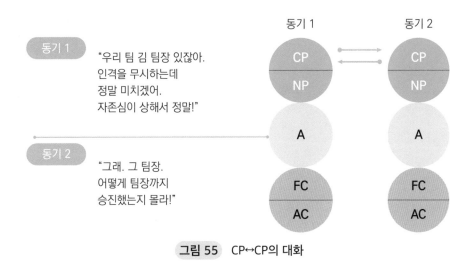

그림 55 CP↔CP의 대화

자유로운 아이 자아(FC) ↔ 자유로운 아이 자아(FC)

두 번째, 자유로운 아이 자아(FC)에서의 유쾌한 감정 표현은 상대방의 자유로운 아이 자아(FC) 반응을 기대한다. 부부나 친구와 같은 가까운 사이에서 주로 발생하는 것으로 웃음 같은 긍정적 감정 교류나 애정표현은 즐거운 대화로 이어진다. 예를 들면, 아내가 남편에게 "여보! 이 옷 정말 예쁘다. 그치?"라고 자유로운 아이 자아(FC)로 말하는 것은 남편이 "그래 정말 예쁘다! 자기에게 잘 어울리겠는걸. 내가 사줄까?"라는 자유로운 아이 자아(FC) 반응을 기대하는 것이다. 그런데 남편이 "이쁘긴 뭐가 이뻐! 비싸기는 되게 비싸네"라고 비판적인 부모 자아(CP)로 표현

하면 아내도 "됐어! 사줄 것도 아니면서 정말. 이쁘다는 말도 못해줘!"라고 비판적
인 부모 자아(CP)의 반응을 보일 가능성이 있다.

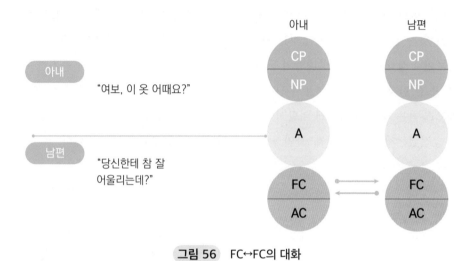

그림 56 FC↔FC의 대화

학생이 5대 대화 유형 중에서 많이 사용하는 대화 유형은 어떤 것입니까?

사례를 들어 보십시오.

02

5대 대화 유형 실습

학습 열기

상처는 '미해결 과제(unfinished business)'의 연장선에서 살펴볼 수 있다. 미해결 과제란 게슈탈트 심리 치료에서 나오는 개념으로 과거에 해결하지 못한 마음속 과제가 우리 마음에 남아 있는 것을 말한다. 우리의 경험은 시간의 흐름에 따라 달라지는 것 같지만, 자세히 돌아보면 우리 마음은 같은 지점을 맴돌고 있을 때가 많다. 우리 마음의 많은 에너지가 그곳에 집결되어 있는 것이다. 그 지점에 맺힌 미해결 과제가 있기 때문이다.

대개 미해결 과제는 개인의 상처와 연결되어 있고, 이를 제대로 해결하기 위해 그 경험은 마음속에서 끊임없이 재현되기 마련이다. 미해결 과제가 많을수록 현재의 삶에 집중하기 어렵고, 지금 여기에서의 행복을 느끼기 어렵기에 우리는 각자가 품고 있는 미해결 과제를 잘 인식하고 해소하는 것이 필요하다.

- 선안남의 저서 『심리학 카페; 심리학, 행복을 말하다(2011, 레브)』 중 -

아래의 상황을 읽고 안 좋은 대화를 화살표로 도해하고, 좋은 대화로 만들기 위해
(   )에 대화를 적고 화살표로 도해하시기 바랍니다.

(예) 상황 1 (조별 리포트 내용에 대해)
* 안 좋은 대화
김철수: 김수민 씨, 제가 중요하다고 강조했던 부분이 빠졌어요.
김수민: 김철수 씨, 언제 그런 말을 했어요? 전 들은 적이 없어요.

* 좋은 대화
김철수: 김수민 씨, 제가 중요하다고 강조했던 부분이 빠졌어요.
김수민: 김철수 씨, 빠진 부분을 알려주시면 수정하겠습니다.

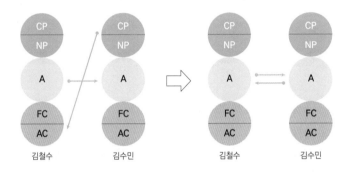

상황 2 (지금까지는 나에게 호의적이었던 조장이 화를 내는 상황)

* 안 좋은 대화

조장: 이번 과제를 더 적극적으로 해 주세요. 알았죠?

나: 조장! 뭐야? 어?

* 좋은 대화

조장: 이번 과제를 더 적극적으로 해주세요. 알았죠?

나: (   )

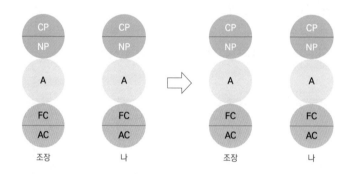

상황 3 (기말고사 내용과 범위를 알려줄 수 없는 경우)

* 안 좋은 대화

김주성: 교수님께서 시험범위 정리해 주신 것을 못들었는데, 알려 줄거지?

나: 내가 왜? 미쳤냐! 그러게 왜 결석해?

* 좋은 대화

김주성: 교수님께서 시험범위 정리해 주신 것을 못들었는데, 알려 줄거지?

나: (   )

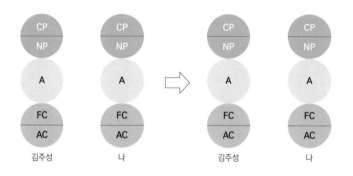

상황 4 (100% 중에 40% 정도밖에 실적이 안되는 영업사원)

* 안 좋은 대화

매니저: 김철수 씨! 이게 실적이야? 다른 직원들 봐봐!

사원: 사표 쓰면 되겠습니까?

* 좋은 대화

매니저: 김철수 씨! 이게 실적이야? 다른 직원들 봐봐!

팀원: (   )

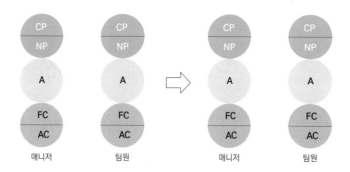

상황 5 (이번에도 이 과장에게 부탁한 중요 자료를 받지 못해 난감하다)

* 안 좋은 대화

나: 과장님, 그 자료 언제 받을 수 있습니까?

이 과장: 나 승진한 거 알지? 술 한잔 할까!

* 좋은 대화

나: 과장님, 그 자료 언제 받을 수 있습니까?

이 과장 : (   )

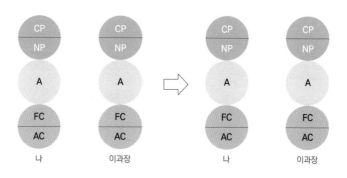

상황 6 (팀원들에게 미팅 날짜를 알려주고 난 후 복도에서)

* 안 좋은 대화

팀원: 툭하면 미팅이야. 할 일도 많은데.

나: 그럼 네가 조장해.

* 좋은 대화

팀원 : 툭하면 미팅이야. 할 일도 많은데.

나: (   )

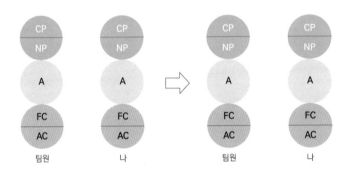

상황 7 (친구가 모임에 늦게 도착했다.)

* 안 좋은 대화

나: 지금 몇 시인데 뭐하다 이제 와! 연락도 안되고!

친구: 뭐? 처음으로 일찍 와 놓고 큰 소리치기는…

* 좋은 대화

나: 지금 몇 시인데 뭐하다 이제 와! 연락도 안되고!

친구: (   )

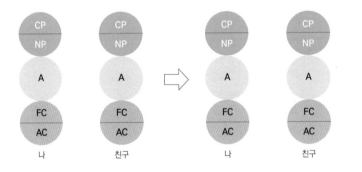

상황 8 (급하게 서둘러야 하는 업무 때문에 정신이 없다.)

* 안 좋은 대화

팀장: 지시한 업무 잘하고 있어요? 얼마나 진행 됐어요?

나: 팀장님! 어디갔다 이제 와서 무슨 말씀 하시는 거예요?

* 좋은 대화

팀장: 지시한 업무 잘하고 있어요? 얼마나 진행 됐어요?

나: (   )

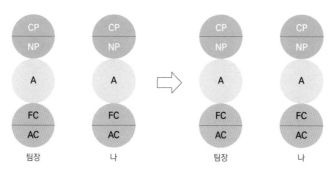

상황 9 (동료가 이 과장과 사이가 좋지 않다.)

* 안 좋은 대화

동료: 이 과장 말이야. 뭐 그런 사람이 다 있어? 큰일이야.

나: 당신이 더 문제야!

* 좋은 대화

동료: 이 과장 말이야. 뭐 그런 사람이 다 있어? 큰일이야.

나: (   )

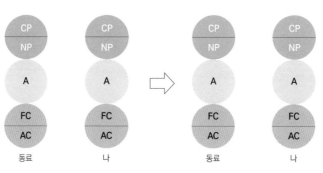

상황10 (본가에 일이 있어 일찍 기숙사에서 나오려고 한다)

* 안 좋은 대화

동료: 오늘 나랑 한잔 할래? 내가 근사하게 한잔 살게.

나: 아니야. 나 본가에 가야 돼.

* 좋은 대화

동료: 오늘 나랑 한잔 할래? 내가 근사하게 한잔 살게.

나: (   )

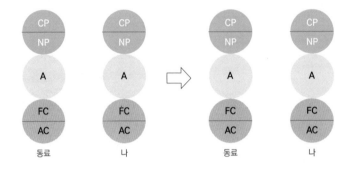

03

5대 대화 유형 응용

학습 열기

〈탈무드〉를 보면 "인간은 입은 하나, 귀는 둘이 있다"라는 말이 나온다. 이는 자신의 말을 많이 하기보다는 상대방의 말을 듣기를 두 배 더 하라는 뜻이다. 즉, 상대방이 무슨 생각을 하는지, 무슨 문제가 있는지, 듣고 싶은 말은 무엇인지, 욕구가 무엇인지, 귀로 눈으로 몸짓으로 마음으로 정성을 다해 상대방의 이야기를 들어야 한다는 경청(listening)의 뜻이다. 미국 카네기연구소의 조사에 의하면 사회에서 성공과 부 그리고 사회적 지위나 명성을 얻을 수 있는 힘의 85%는 인간관계이며, 대인관계의 승패를 좌우하는 가장 큰 핵심은 듣기, 즉 경청이었다.
   - 신민주, 주용국의 저서 『끌림과 설렘으로 다가서는 대인관계 의사소통(2019, 학지사)』 중 -

적극적 경청

"사람을 움직이는 가장 중요한 무기는 입이 아니라 귀다."

의사소통의 기본은 상대방의 문제에 대해 자신의 생각이나 반응을 내세우기에 앞서 그들의 생각이나 기분을 이해하려는 노력이다. 이를 위해 상대방과 그들의 문제에 귀를 기울이고 이야기를 주의 깊게 들어야 한다. 이것을 적극적 경청이라고 한다. 적극적 경청(active listening)은 상대방이 전달하고자 하는 내용은 물론 그 내면에 깔려있는 동기나 정서에 귀를 기울여 듣고 이해한 바를 상대방에게 피드백

해 주는 것이다. 적극적 경청은 평가, 의견, 충고, 분석, 의문을 전달하는 것이 아니라 상대방이 의미하는 것 자체가 무엇인가 초점을 두고 듣는 것이다.

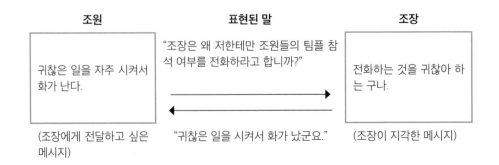

조원	표현된 말	조장
귀찮은 일을 자주 시켜서 화가 난다.	"조장은 왜 저한테만 조원들의 팀플 참석 여부를 전화하라고 합니까?" "귀찮은 일을 시켜서 화가 났군요."	전화하는 것을 귀찮아 하는구나.
(조장에게 전달하고 싶은 메시지)		(조장이 지각한 메시지)

적극적 경청의 기능

- 부정적 감정들에 대한 두려움을 감소시킨다.
- 상호 간에 온정적 관계를 맺을 수 있게 한다.
- 상대방이 스스로 문제를 해결할 수 있도록 한다.
- 상대방이 적극적 청취를 할 수 있는 능력을 키워 준다.
- 상호 간에 만족스럽고 지속적인 상호 작용을 가능하게 한다.

적극적 경청의 적절한 활용

- 상대방의 모든 발언에 대해 피드백을 줄 필요는 없다. 경우에 따라 승인, 침묵 반응을 보일 수도 있다.
- 외적인 정보, 자원을 제공해야 할 경우에는 적극적 경청만으로는 부족하다.
- 적극적 경청은 상대방의 감정을 '수용'한다는 것이지 그것이 옳다고 '동의'하는것은 아니다.
- 적극적 경청만으로 문제가 해결되는 것은 아니다. 그러나 이것은 문제를 정의하고 해결책을 모색하는 데 필수적인 단계이다.
- 상대방의 이야기를 듣고 싶지 않을 경우에는 그 이유를 설명하고 이야기를 들을 수 있을 때 다시 찾아 달라고 요청하는 것이 좋다.

자아상태에서의 적극적 경청 방법

자아상태를 응용한 적극적 경청을 하는 방법은 순응한 아이 자아(AC)상태로 수용하고 자애로운 부모 자아(NP)상태에서 반응하고 성인 자아(A)상태에서 의견을 전달하는 것이다.

상황 (툭하면 미팅이야. 미팅한다고 해결되나!)

1단계(AC 반응): 미안합니다.

2단계(NP 반응): 미팅이 자주 있어서 힘든가 보군요!

3단계(A 반응): 이번 과제는 나 혼자 하기가 어려워서요.

나 전달법

개념

상대방은 별로 잘못이나 문제가 없다고 생각하고 있어도 내 입장에서 볼 때 문제가 되거나 잘못되었다면 나 전달법(I-Massage)을 사용하여 해결하는 것이 효과적이다.

너 전달법(You-Massage)과 비교하여 나 전달법의 특징을 살펴보면 다음과 같다.

	I-Message	You-Message
정의	'나'를 중심으로 하여 상대방의 행동에 대한 자신의 생각이나 감정을 표현하는 대화방식	'너'를 중심으로 하여 상대방의 행동을 표현하는 대화방식
사례	의사 표현: 과제가 많은데 일이 자꾸만 늦어져 걱정하는구나. 일이 늦어져 초조함 → 작업이 늦어서 걱정하고 있구나	의사 표현: 학우는 왜 일을 이렇게 빨리 못해요? 일이 늦어져 초조함 → 조장이 나를 무능하다고 생각하고 있구나.

| 결과 | ① 상대방에게 나의 입장과 감정을 전달함으로써 상호이해를 도울 수 있다.
② 상대방에게 개방적이고, 솔직하다는 느낌을 전달하게 된다.
③ 상대방은 나의 느낌을 수용하고 자발적으로 자신의 문제를 해결하고자 하는 의도를 지니게 된다. | ① 상대방에게 문제가 있다고 표현함으로써 상호관계를 파괴하게 된다.
② 상대방에게 일방적으로 강요하거나 비난하는 느낌을 전달하게 된다.
③ 상대방은 변명하려 하거나 반감, 저항, 공격성을 보이게 된다. |

나 전달법의 원리

> **나 전달법 = 행동 + 영향 + 감정**

1. 문제가 되는 상대방의 행동과 상황을 구체적으로 말한다. 이때, 어떤 평가, 비판, 비난의 의미를 담지 말고, 객관적인 사실만을 말하는 것이 좋다.

예) "자네가 나에게 말대꾸를 할 때…" (○)

　　"자네가 나에게 건방지게 말대꾸를 할 때…" (×)

2. 상대방의 행동이 자신에게 미친 영향을 구체적으로 말한다.

예) "자네가 말도 없이 자주 자리를 비우니까 나는 자네가 해야 할 일을 다른 사람에게 시키거나 기다리고 있어야 하네." (○)

　　"자네가 자주 자리를 비우니까 내가 힘들어." (×)

3. 그러한 영향 때문에 생겨난 감정을 솔직하게 말한다.

예) "자네가 지난 번 업무보고를 하지 않아 무슨 일이 생겼는지 궁금했었네." (○)

　　"자네가 지난 번 업무보고를 하지 않은 건 도대체 무엇 때문인가?" (×)

나 전달법 사용 시 주의할 점

1. 나 전달법을 사용한 다음에는 다시 적극적 경청의 자세를 취하도록 한다.

너 전달법보다는 위협감이나 방어적인 태도를 덜 일으키지만, 상대방 때문에 자신에게 좋지 않은 감정이 생겼다는 이야기를 반복해서 하게 되면 상대방을 공격하는 셈이 된다. 그러므로 상대방의 감정을 존중하는 적극적 경청의 자세로 되돌아와야 한다.

>   (예) 팀플 시간에 잡담을 하고 있는 조원에게
>
>   조장: 팀플 시간인데 잡담하면 과제가 늦어질까 걱정돼(나 전달법).
>
>   조원: 지금 꼭 할 이야기가 있어서 그래요.
>
>   조장: 꼭 할 이야기였는데 떠든다고 말해서 기분이 상했겠네요(적극적 경청).

2. 상대방의 행동으로 인해 생긴 부정적인 감정만을 강조하지 않는다.

>   (예) 과제를 제출하지 않은 학생에게
>
>   학생이 제시간에 과제를 제출하지 않아 화가 나는군. (×)
>
>   학생이 제시간에 과제를 제출하지 않아 무슨 일이 생긴 건 아닌지
>   걱정했네. (○)

3. 상대방의 행동으로 인해 일어나는 표면적 감정을 표현하기 보다 본원적인 마음을 표현하도록 한다.

>   (예) 팀플 시간에 지각한 조원에게
>
>   본원적 마음: 무슨 일이 생긴 것이 아닌가 궁금함.
>
>   표면적 감정: 화가 치밂.
>
>   대화의 실제: • ○○학우가 자주 늦어서 화가 나 (×)
>
>   　　　　　　 • ○○학우가 늦어서 걱정했어요 (○)

4. 상대방의 습관적 행동이 문제가 되는 경우에는 나 전달법을 통해 전달하기 보다는 적극적 경청을 하면서 구체적인 문제해결 방안을 함께 모색한다.

>   (예) 맡은 과제를 항상 미루다가 제출 마감 때가 되어서야 서두르는 조원이
>   도리어 조장에게 과제를 재촉한다고 짜증을 내는 경우
>
>   • ○○○학우님이 그렇게 나오니 참으로 답답합니다. (×)
>
>   • ○○○학우님의 말을 좀 더 들어보고 싶어요, 하고 싶은 말이 있으면 해
>   주세요. (상대가 말하게 하고 귀기울여 듣는다) (○)

상대방의 비판이나 의견을 순응한 아이 자아(AC)상태로 수용하고 자애로운 부모 자아(NP)상태에서 반응하고 성인 자아Ⓐ상태에서 의견을 전달했을 때의 효과를 설명해 보십시오.

적극적 경청 실습 1

상황 1 ("조장님! 그 지겨운 과제가 이제 겨우 끝났어요.")

* 일반적 경청

조 장: 벌써 끝냈어야 했어요.

* 적극적 경청

조 장: 많이 힘들었죠?

상황 2 ("조장님! 입장을 바꿔 놓고 생각해 보십시오.")

* 일반적 경청: 뭘 바꾼다구요? 조장은 아무나 하나.

* 적극적 경청:

적극적 경청 실습 2

상대방의 숨은 뜻과 기분을 가장 잘 파악한 것은 어떤 것입니까?

1. 교수님, 정말 이런 말씀드려도 좋을지 모르겠습니다. 자퇴하고 싶습니다. 오래 전부터 고민했습니다. 학교 생활도 재미없고, 진로도 어떻게 하는 것이 좋은지 모르겠습니다.

A. 대학은 다닐 때 다녀야지? 지금 자퇴하면 어쩌려고 그래?

B. 대학은 다니고 싶은데, 진로에 대해 걱정이 많구나. 다른 이유가 있는 건 아니지?

C. 부모님께는 말씀드렸나요?

2. 교수님. 제 생각에는 김○○가 조장이 되면 조원 2명 정도는 조를 바꿀겁니다.
   4학년인데다가 성격이 장난 아닙니다.
   A. 학생! 학생을 믿고 상의했는데 이런 소리하면 어떻게 하지?
   B. 조원들이 김○○ 학생이 조장되는 것에 대해 불만이 있을 수 있다는 거네?
   C. 오리엔테이션 시간에 제시한 원칙을 적용하여 조장을 선발한 거야. 원칙이 중요해.

3. 어제 저녁에 술을 너무 먹은 것 같아. 지난 일주일 동안 팀 과제로 제대로 쉰 적
   이 없어.
   A. 야. 너는 왜 감당도 못하는 술을 마시냐?
   B. 어제 또 술 먹었어? 누구랑?
   C. 팀 과제로 많이 힘들었구나.

1. 대화의 5대 유형 중에 자주 일어나는 대화의 첫 번째, 성인 자아Ⓐ상태에서 발신은 상대방 성인 자아Ⓐ상태의 반응을 기대한다. 두 번째, 자유로운 아이 자아(FC)상태에서 발신은 상대방 자애로운 부모 자아(NP)상태의 반응을 기대한다. 세 번째, 비판적인 부모 자아(CP)상태에서 발신은 상대방 순응한 아이 자아(AC)상태의 반응을 기대한다.

2. 가까운 사이의 대화의 첫 번째, 비판적인 부모 자아(CP)상태에서의 제3의 인물이나 상태에 대한 화제를 발신하는 것은 상대방 비판적인 부모 자아(CP)상태의 반응을 기대한다. 두 번째, 자유로운 아이 자아(FC)상태에서의 유쾌한 감정 표현은 상대방 자유로운 아이 자아(FC)상태의 반응을 기대한다.

3. 적극적 경청(active listening)은 상대방이 전달하고자 하는 말의 내용은 물론 그 내면에 있는 느낌, 감정에 귀를 기울여 듣고 이해한 바를 상대방에게 피드백 해주는 것이다.

4. 자아상태에서의 적극적 경청은 순응한 아이 자아(AC)상태로 수용하고 자애로운 부모 자아(NP)상태에서 반응하고 성인 자아Ⓐ상태에서 의견을 전달하는 것이다.

5. 나 전달법(I-Message)은 '나'를 중심으로 하여 상대방의 행동에 대한 자신의 생각이나 감정을 표현하는 대화방식이다.

잘못하고 있는 순간을 잡아내면
사람들은 방어적이 되고 변명한다.
반면에 잘하고 있는 순간을 포착하면
긍정적인 면이 강화된다.
-존 맥스웰(John C. Maxwell)-

VII

스트로크 종류와 진단

학습 목표

- 스트로크 개념과 종류를 설명할 수 있다.
- 부정적 용어를 긍정적 용어로 바꿀 수 있다.
- 스트로크의 원리와 원칙을 설명할 수 있다.

스트로크 개념과 종류

미국 심리학자 할로(Harry Harlow, 1905~1981)는 막 태어난 붉은 털 원숭이 새끼를 어미에게 강제로 떼어놓은 후 두 인형이 있는 방에 가두는 실험을 하였다. 두 인형의 '가짜 엄마' 중에 하나는 철사를 얼기설기 엮어 만든 엄마 인형이지만 우유병을 들었고, 다른 엄마 인형은 철사지만 부드러운 헝겊으로 덮여 있으며 우유병은 없었다. 붉은 털 원숭이는 어느 엄마 인형을 선택했을까?

새끼 붉은 털 원숭이는 대부분의 시간을 포근한 헝겊 엄마 인형에게 매달렸다. 깜짝 놀랐을 때에도 헝겊 엄마인형에게 달려갔다. 철사 엄마인형에게는 우유 먹을 때만 달려갔다.

이 실험은 애착 효과의 위대함을 알려준다. 애착 단어의 사전적 의미는 '몹시 사랑하거나 끌려서 떨어지지 아니함. 또는 그런 마음'이다. 심리학적 의미는 '양육자 또는 특별한 사회적 대상과 깊고 지속적인 정서적 유대를 통해 연결된 상태, 혹은 그러한 친밀한 정서적 유대감'이다.

연구자들은 생애 최초의 애착이 평생 모든 인간관계를 좌우하게 될 것이라고 하였다. 누군가와 사랑에 빠질 때도, 결혼 생활에서 위기를 맞을 때도, 아이를 낳아 기를 때에도 영향을 끼친다는 것이다.

기억도 나지 않는 어린 시절의 일이 성인이 된 뒤에도 영향을 준다. 애착 이론에 따르면, 생후 2년 동안 양육자가 보여주는 반응은 애착 유형을 발달시키고 이것은 성인이 되었을 때 사회적 관계를 결정하게 된다고 한다.

스트로크의 개념

　사람은 좋든 싫든 자극을 받으며 살아간다. 그 자극과 욕구는 살아가는 데 필수적이다. 교류분석에서는 스트로크를 인간의 심리적 욕구를 충족시키는 행위라고 정의한다. 즉, 스트로크는 일종의 인정자극으로 언어적 또는 비언어적 소통 수단들에 의하여 주어지는 존재 인정의 한 단위를 말한다. 스트로크는 신체적 접촉부터 윙크, 말 걸기, 인정의 정신적인 부분까지 매우 다양하다.

　사람은 스트로크를 얻기 위해 산다고 해도 과언이 아니다. 긍정적 스트로크를 얻지 못하면 부정적 스트로크라도 얻으려고 한다. 유아기에 부모나 양육자로부터 받은 접촉 등의 신체적 스트로크 욕구는 성장한 후에는 칭찬이나 인정 등의 정신적 스트로크 욕구로 전환한다. 사람은 다른 사람들과 스트로크 교환 없이 살아갈 수 없으며, 자신의 존재를 계속 확인한다. 사람은 받은 스트로크의 종류와 정도에 따라 장래가 정해지기도 한다.

　사람은 스트로크 교환의 결과로 좋고 나쁜 감정을 마음속에 축적한다. 어렸을 때부터 긍정적인 스트로크를 받고 자란 사람은 긍정적인 인생태도가 형성되고, 부정적인 스트로크를 받고 자란 사람은 부정적인 인생태도가 형성된다. 한마디로 스트로크는 인생의 정신적인 자양분이다.

스트로크의 종류

긍정적 스트로크와 부정적 스트로크

　긍정적 스트로크는 사람들이 느끼는 모든 '쾌의 자극'을 말한다. 긍정적 스트로크는 상대방이 기분 좋게 느끼는 것이다. 긍정적 스트로크는 다른 사람과 서로 마음을 주고 받는 과정에서의 적절한 이해와 평가, 칭찬과 승인, 사랑의 행위를 말한다. 이것은 사람을 기분 좋게 만들고 삶의 의미를 느끼게 하며 건전한 정서와 지성을 갖추게 한다. 긍정적 스트로크로는 자타 긍정의 인생태도에 이르게 한다.

　부정적 스트로크는 인간에게 있어 모든 '불쾌함의 자극'을 말한다. 상대방이 기분 나쁘게 느끼는 것이다. 부정적 스트로크는 인간의 부정성을 유발시키는 자극으로, 한 인간이 지니고 있는 중대한 문제를 대단치 않은 일로 묵살해 버리거나 문제의 의미를 왜곡한다. 관심의 결핍이나 잘못된 관심에서 유발된다. 이것은 '나는 틀렸다(I'm not OK)'는 인생태도를 유발하지만 스트로크가 전혀 없는 상태, 즉 무(No) 스트로크보다는 낫다.

신체적 스트로크와 정신적 스트로크

신체적 스트로크는 비언어적 스트로크라고도 한다. 무언의 표정, 손짓, 쳐다보기, 자세 등도 신체적 스트로크로서 인간 교류의 많은 부분을 차지한다. 신체적 스트로크는 유아에게 성격 형성과 발달에 상당한 영향을 준다.

정신적 스트로크는 언어적 스트로크라고도 한다. 각종 교류는 주로 언어를 사용함으로써 이루어진다. 언어는 전달하는 데 있어 가장 효과적인 도구로서 칭찬, 질책, 감사, 놀이 등의 목적으로 사용된다. 하지만 전화나 컴퓨터 등이 아니면 신체적 스트로크의 영향을 많이 받는다.

조건적 스트로크와 무조건적 스트로크

조건적 스트로크는 특정의 행위나 조건에 대해 제시하는 스트로크이다. 상대방이 원하는 행위를 하지 않거나 조건을 충족시키지 않으면 주어지지 않는 스트로크이다. 예를 들면, 공부를 잘해서 머리를 쓰다듬는다든지, 심부름을 잘해서 고맙다고 말하는 것이라든지, 김치찌개를 잘해서 참 맛있게 먹었다고 말하는 것이다.

조건적 스트로크는 행동을 반복하게 하거나 반대로 똑같은 행동을 못하게 한다. 예를 들어 발표를 잘한 학생에게 "발표 잘하네!"라고 칭찬하는 것은 학생에게 긍정적, 정신적 스트로크를 준 것이다. 그러면 학생은 다음에도 발표를 잘 하려고 노력한다. 또한, 심부름을 잘한 아이에게 용돈을 주고 머리를 쓰다듬으면서 "얘는 심부름도 잘해!"라고 말하는 것은 긍정적, 정신적, 신체적, 조건적 스트로크를 주는 것이다. 이 아이는 앞으로도 심부름을 잘할 가능성이 높다. 반대의 경우, 반복적으로 수업시간에 지각하는 학생에게 교수가 지적하는 것은 부정적, 정신적, 조건적 스트로크를 주는 것이다. 물론, 교수가 지적한 것을 학생이 긍정적으로 받아들이면, 긍정적, 정신적, 조건적 스트로크가 된다. 학생이 지각할 때마다 교수자가 지적하면 지각을 하지 않거나 아예 수업에 빠질 수 있다.

무조건적 스트로크는 인격이나 존재 자체에 대해 조건 없이 주는 스트로크이
다. 여기에는 어떤 이유가 있지 않으므로 좋은 경우라면 최고이나 나쁜 경우라면
최악의 상태가 된다.

표 4 스트로크의 종류

스트로크	신체적 스트로크	정신적 스트로크	조건적 스트로크	무조건적 스트로크
존재인지	접촉에 의한 직접적인 스트로크	말에 의한 간접적인 스트로크	행위나 태도에 대한 스트로크	존재나 인격에 대한 스트로크
긍정적 스트로크 (상대방이 좋게 느낀다.)	• 머리를 만진다. • 손을 잡아준다.	• 칭찬이나 상대방의 말을 듣는다. • 금일봉·훈장, 표창	• 심부름 해줘서 고마워! • 좋은 일을 했구나!	• 자네하고 같이 있는 것이 행운이네. • 나는 너를 좋아한다.
부정적 스트로크 (상대방이 나쁘게 느낀다)	• 때린다. • 꼬집는다. • 걷어찬다.	• 꾸중한다. • 흘겨본다. • 얕잡아본다.	• 공부 안하면 안 돼! • 또 망쳤구나!	• 이혼해! • 회사를 그만두게!

스트로크 실습

대화 문장을 읽고 긍정적 스트로크, 부정적 스트로크, 신체적(비언어적) 스트로크, 정신적(언어적) 스트로크, 조건적 스트로크, 무조건적 스트로크 중 해당하는 것에 체크해 보자.

문항	긍	부	신	정	무	조
1. "엄마는 지민이가 있어서 행복해."	√			√	√	
2. "안 돼! 또 망가뜨리면"이라고 말하면서 머리를 때린다.						
3. "이 시계, 정말 고마워!"						
4. 이유도 말하지 않고 거절한다.						
5. "사랑해요"라고 말하면서 바싹 옆에 앉는다.						
6. "심부름을 해 줘서 고마워!"						
7. 손님을 보면서 "어서 오십시오."						
8. "이제 회사를 그만 둬."						
9. 장난을 치다가 갑자기 얻어맞았다.						
10. "안녕?"						
11. "귀여운 아이구나!"하며 머리를 쓰다듬는다.						
12. "아! 꽃을 주어서 정말 고마워."						
13. "이번 일은 잘 되었구나."						
14. "나가 주세요!"						
15. 고향에 계신 어머니를 오랜만에 만나 끌어안았다.						
16. "몇 번 이야기해야 알아듣겠어? 빨리 공부해!"						
17. "죽이고 말겠어!"라고 말하면서 칼을 들이댄다.						
18. "그런 행동을 보니 화가 나는구나."						

실습을 통해 느낀 점을 토의해 보자.

바람직한 스트로크 원칙

긍정적 스트로크는 상대방에게 '쾌의 자극'을 주지만, 부정적 스트로크는 '불쾌의 자극'을 준다. 좀 더 구체적으로 살펴보면 다음과 같다.

첫째, 긍정적 스트로크는 많이 하는 것이 좋다. 특히 긍정적, 무조건적 스트로크는 사람 간에 상호 신뢰감 형성의 기초가 되기 때문에 최대한 많이 하면 할수록 좋다. "사랑해", "고마워", "난 네가 좋아" 등이 해당된다.

둘째, 상대방이 잘한 어떤 조건에 대해 인정을 할 때는 조건부 스트로크로 하는 것이 좋다. 이때에는 구체적이고 풍부하게 타이밍을 잘 맞춰서 하는 것이 중요하다. 예를 들면 친구가 작업하는 것을 늦게까지 도와주어서 일찍 마쳤을 때, 즉시 "네가 끝까지 도와준 덕분에 예상 시간보다 훨씬 빠르게 끝마쳐서 너무 좋아!"라고 말하는 것이다.

셋째, 부정적 스트로크는 최소화해야 한다. 특히, 무조건적 부정적 스트로크는 해서는 안 된다. 예를 들면, 교수가 학생에게 "강의실에서 나가!", "넌 F야!", "수업태도가 이게 뭔가!"라고 말하는 것이다. 이 말을 들은 학생은 황당하거나 화가 날 지도 모른다. 나중에는 학생이 교수에게 왜곡된 부정적 감정(racket feeling)을 품어 예상하지 못한 일이 벌어질 수도 있다. 정말로 강의실에서 나갈 수도 있고, 자퇴할수도 있다. 이때에는 조건적 부정적 스트로크를 하는 것이 바람직하다. 무엇을 잘못했는지에 관한 설명을 하는 것이다. 즉, 잘못한 구체적인 사실과 이유를 명확하게 설명하고 솔직한 감정을 전달한다. 이것이 앞 장에서 배웠던 나 전달법(I-Message)이다. 예를 들면, "나는 학생이 수업시간에 떠들고 잡담해서 다른 학생들이 집중할 수 없어 화가 납니다"라고 말하는 것이다.

스트로크의 힘을 느꼈던 순간은 언제입니까? 사례를 들어 보십시오.

스트로크 진단과 해석

덴마크에 한 소년이 살았습니다. 그 소년의 아버지는 자그마한 양복점을 운영하고 있었는데 경제적으로는 부유하지 않지만 마음이 따뜻한 분이었습니다. 소년의 아버지는 매일 밤마다 아들에게 <아라비안 나이트>와 같은 여러 가지 이야기를 들려주는 것을 즐거움으로 삼았습니다. 소년은 아버지의 이야기를 들으며 자연스럽게 작가가 되는 꿈을 갖게 되었고, 학교에서 틈틈이 시나 산문을 쓰기 시작했습니다. 하지만 선생님과 친구들의 시선은 차가웠습니다. 소년은 그들로부터 '글이 하나도 재미없다', '넌 글재주가 없는 것 같다', '다른 꿈을 찾아보는 게 어떻겠니?' 등 냉정한 말을 들었습니다. 그런 말을 자꾸 듣자 소년은 자신이 글재주가 없다고 생각하게 되어 낙담했습니다. 이런 사실을 알게 된 소년의 어머니는 아들을 뒷마당으로 불러 이렇게 말했습니다. "아들아, 저 들꽃을 봐. 참 예쁘지? 저 들꽃 이름을 아니? 엄마도 모른단다. 우리가 저 꽃의 이름을 모른다 해도 예쁘지 않은 것은 아니지? 아들아, 네가 쓴 글도 저 들꽃처럼 아름답고 예뻐. 너도 분명히 좋은 작가가 될 수 있다고 믿어." 이렇게 어머니의 칭찬과 인정을 듬뿍 받은 소년은 자라서 세계적인 작가가 되었습니다. 그 소년은 '동화의 왕' 안데르센(Andersen, 1805~1875)입니다.

- 인터넷 인저리타임(https://www.injurytime.kr/) 중 -

스트로크 진단 체크리스트[3]

스트로크 진단 체크리스트는 총 25개 문항으로 구성되어 있다. A, B, C, D, E 그룹별 5개 문항이다. 문항을 읽고 자신 행동과 일치하는 경우에는 2점, 어느 쪽인지 잘 구분할 수 없을 때는 1점, 자신의 행동과 일치하지 않으면 0점을 솔직하게 기입하면 된다.

내 상황과 맞지 않거나 경험을 하지 않은 경우에는 그런 상황에 처했다고 가정하고 기입하면 된다.

구분	문항	점수
1	친구나 가족과 함께 등산이나 야외에 나가면 내가 먼저 가자고 해서 가는 일이 많다.	
2	가정이나 회사에서 자주 짜증을 내는 편이다.	
3	나는 요즈음 다른 사람들로부터 인정받고 있는 편이다.	
4	직장이나 가정에서 목표 미달이나 실수에 대해서 꾸중을 듣거나 벌을 받는 일이 많다.	
5	휴일에 온종일 혼자 지내도 불편하지 않고 오히려 친구가 찾아온다면 부담을 느낀다.	
6	출퇴근할 때 상대방보다 먼저 인사를 하는 편이다.	
7	나는 듣기 싫은 소리라도 잘못이라면 즉시 말하는 편이다.	
8	다른 사람으로부터 고맙다든지 감사하다는 말을 많이 듣는다.	
9	지난 1년 동안 나의 책임이 아닌데 비난받았다고 느낀 일이 많다.	
10	아는 사람을 만나는 것이 싫어서 아는 사람과 마주치면 피하고 싶다.	
11	자기 일 외에 다른 일에 참견하는 일이 너무 많다는 말을 자주 듣는다.	
12	상대방이 내 마음대로 행동하지 않을 때 즉시 비판하는 편이다.	
13	결과와 상관없이 노력을 인정받아 격려해 주는 사람이 많다.	
14	악의는 없지만 나를 비판하거나 책망하는 사람이 많다.	

---

3 맥케나(McKenna, 1974)의 스트로크 프로파일(stroking profile) 도표 활용

15	상대방과 이야기하는 중에도 갑자기 다른 생각에 잠겨 있다가 상대방이 질문하여 제정신을 차리는 경우가 많다.	
16	직장이나 가정에서 남의 수고에 대해 쉽게 위로하고 감사할 수 있다.	
17	음식점과 같은 곳에서 서비스가 나쁘면 즉시 불평을 하는 편이다.	
18	뜻밖의 사람으로부터 선물이나 인사장을 받아 놀란 일이 많은 편이다.	
19	직장이나 가정에서 보통 이상으로 엄격한 사람이 있어서 당신을 지도하거나 육성한다고 느낀 일이 많다.	
20	점심 식사할 때 사정으로 인해 혼자 식사하게 되면 해방감을 느낀다.	
21	결혼기념일이나 가족의 생일 등을 잘 기억해 두었다가 축하를 해 준다.	
22	새치기하거나 금연 장소에서 담배를 피우는 사람을 보면 즉시 주의를 주는 편이다.	
23	매우 곤란한 문제에 당면했을 때 즉시 상의할 수 있을 만한 사람이 있다.	
24	본인 가족이나 직장은 다른 가족이나 직장보다 너무 엄하다고 느끼는 경우가 많다.	
25	회식 자리나 친목 모임 등에 어쩔 수 없이 불참하게 되면 오히려 해방감을 느낀다.	

A, B, C, D, E 그룹란에 해당 문항의 점수를 합하여 넣으시오.

그룹	점수 산출 방법	점수	해당 스트로크
A	1, 6, 11, 16, 21 문항 점수의 합		긍정적 스트로크를 주는 정도
B	2, 7, 12, 17, 22 문항 점수의 합		부정적 스트로크를 주는 정도
C	3, 8, 13, 18, 23 문항 점수의 합		긍정적 스트로크를 받는 정도
D	4, 9, 14, 19, 24 문항 점수의 합		부정적 스트로크를 받는 정도
E	5, 10, 15, 20, 25 문항 점수의 합		스트로크를 교환하지 않는 정도

A~E 그룹의 합한 점수를 아래의 도표에 막대그래프로 표시하시오.

	A (긍정적 스트로크를 주는 정도)	B (부정적 스트로크를 주는 정도)	C (긍정적 스트로크를 받는 정도)	D (부정적 스트로크를 받는 정도)	E (스트로크를 교환하지 않는 정도)
10					
9					
8					
7					
6					
5					
4					
3					
2					
1					
0					

스트로크 해석

긍정적 스트로크를 주는 정도 점수(A)가 높고(보통 7점 이상), 긍정적 스트로크를 받는 점수(C)도 높으면(보통 7점 이상), 대화나 인간관계가 매우 원만하다고 볼 수 있다. 이런 사람은 다른 사람에게 호감을 주고 다른 사람도 호감을 느낀다.

부정적 스트로크를 주는 정도 점수(B)가 높고(보통 7점 이상), 부정적 스트로크를 받는 정도 점수(D)도 높은 경우에는(보통 7점 이상) 대화나 인간관계에서 상당히 어려움을 겪는다. 이런 사람은 다른 사람에게 긍정적 스트로크를 자주 하여야 한다. 또한, 이런 사람은 다른 사람으로부터 부정적 스트로크보다 긍정적 스트로크를 받도록 노력해야 한다.

긍정적 스트로크를 주는 정도 점수(A)는 높은데(보통 7점 이상) 긍정적 스트로크를 받는 점수(C)가 낮으면(보통 3점 이하), 주위에는 주로 어떤 사람들이 있고 어떤 문제가 있는지 확인해 보아야 한다. 이럴 때도 자신이 먼저 주위 사람에게 긍정적 스트로크를 자주 하여 상대방이 긍정적인 스트로크를 많이 하도록 유도해야 한다.

부정적 스트로크를 주는 정도 점수(B)는 높은데(보통 7점 이상) 부정적 스트로크를 받는 정도 점수(D)는 낮은 경우에는(보통 3점 이하) 자신의 주변에 주로 좋은 사람들이 있다고 볼 수 있다. 이런 사람들은 부정적 스트로크를 줄이고 긍정적 스트로크를 많이 하여야만 원만한 대화와 인간관계를 유지해 나갈 수 있다.

스트로크를 외부와 교환하지 않는 정도 점수(E)가 높고(보통 7점 이상), 이런 상태가 지속되면 폐쇄적인 사람이 될 수 있다. 이런 사람들은 다른 사람들과 어울릴 수 있도록 노력해야 한다. 예를 들면, 혼밥을 하지 않거나, 일부러 주위 사람에게 말을 걸어보는 것도 좋다. 무엇보다 다른 사람과 함께 함으로써 얻을 수 있는 기쁨을 맛보아야 한다.

결론적으로 원만한 대화나 인간관계는 긍정적 스트로크를 많이 주고받는 경우이다. 반대로 인간관계에서 많은 어려움을 겪는 스타일은 부정적 스트로크를 많이 주고받는 것으로, 긍정적 스트로크를 많이 주고 받도록 노력해야 한다.

스트로크 진단을 통해 학생의 강점과 부족한 점이 어떻게 나타났습니까?

03 현실 스트로크 분석

기억나지 않는 시기도 있지만, 어려서부터 엄마에 대한 애착이 커서 엄마가 눈에 보이지 않으면 순간 공포감에 사로잡혀 줄곧 울었던 기억은 살아가는 동안 잊을 수가 없다. 한 번이라도 나의 이런 감정에 대해 엄마가 안심시켜주었더라면 어린 나는 공포감에서 벗어날 수 있었을 것만 같다. 혼란스러웠던 청소년기에 또래 친구들과의 편지 교류는 내 일생 보석같은 경험이었고, 한편 자주 변하는 일부 친구들의 태도는 나를 외롭게 했다. 생각해보니 그들도 나처럼 심적변화에 어려움을 겪은 것이고 나름의 고립감을 경험한 것일 뿐, 누구나 겪어가는 시기였음을 깨달았다. 인생 통틀어서 가장 왕성하게 생산적인 활동인 나의 일을 하고 있고 배우자와의 관계에서도 딱히 어려움이 없다. 성인 초기부터 교육사업분야의 일을 했고 크게 성공한 적 없이 겨우겨우 살아낸 것 같다. 지금에서야 그 경험과 노력이 축적되어 현재 내 삶에 자양분이 되었음을 깨달았고 그런 시기를 거쳐왔음에 깊이 감사한다. 인생에서 가장 중요한 시기란 따로 없다. 매번 중요했고 지금 현재는 더더욱 중요하다.

- OO평생교육원에 수강한 어느 학습자가 제출한 과제 중 -

스트로크는 인간의 건전한 정신 발달과 행동의 동기가 된다. 긍정적 스트로크는 거절당할 수 있다는 두려움, 관계가 끝날지 모른다는 불안, 상대를 믿지 못하는 불신에서 벗어나게 해준다. 또한, 어려운 인간관계에서 벗어나 친밀한 관계로 전환해 준다.

긍정적 스트로크와 부정적 스트로크를 받았을 때의 느낌을 적어보고 토의해 보자.

- 학생이 받은 긍정적 스트로크는 누구로부터, 언제, 어느 장소에서, 어떤 스트로크입니까? 그때 학생이 받은 느낌은 어떠했습니까?

누구로부터	언제	어느 장소에서	어떤 스트로크를	어떤 느낌
딸	중간고사를 본 후	거실에서	"아빠는 내 이야기를 잘 들어 주어서 너무 좋아."	딸이 나와 대화하는 것을 좋아하니 기분이 좋다.

- 학생이 받은 부정적 스트로크는 누구로부터, 언제, 어느 장소에서, 어떤 스트로크입니까? 그때 학생이 받은 느낌은 어떠했습니까?

누구로부터	언제	어느 장소에서	어떤 스트로크를	어떤 느낌
어머니	가족 여행 중	부모가 다투고 있을 때 조언하였다	"어린애가 무슨 말 참견이야?"	화가 난다. 마음대로 해!

• 학생이 준 긍정적 스트로크는 누구에게, 언제, 어떤 스트로크를 주었습니까?
그때 상대방의 반응과 학생의 기분은 어떠했습니까?

예)

누구에게	언제	어떤 스트로크를	상대방의 반응	마음(기분)
조장	조별과제 하는 중에	"조장님이 내 역할을 잘 설정해 주어서 잘할 수 있을 것 같아요."	"그래요? 그런 말을 들으니 기분이 좋네요."	더 열심히 참여 해야겠다!

누구에게	언제	어떤 스트로크를	상대방의 반응	마음(기분)

• 학생이 준 부정적 스트로크는 누구에게, 언제, 어떤 스트로크를 주었습니까?
그때 상대방의 반응과 학생의 기분은 어떠했습니까?

누구에게	언제	어떤 스트로크를	상대방의 반응	마음(기분)

모든 사람으로부터 인정받는 스트로크 방법

첫째, 스트로크는 양적으로 적절해야 한다. 상대방이 두 개의 스트로크를 주었다면 나는 적어도 두 개 이상의 스트로크를 주어야 한다. 예를 들면 팀장이 "김 대리! 연휴 잘 지냈어? 오늘 좋아보이는데!"라고 인사를 했는데 "예!"라고만 응답했다면 양적으로 2:1의 스트로크가 교환된 것이다. "안녕하세요! 팀장님! 연휴 잘 보내셨습니까? 팀장님도 기분이 좋아 보이시네요!"라고 말하는 것과는 상당한 차이가 있다. 부모와 자녀 간에도 마찬가지이다. 엄마가 자녀에게 "학교 잘 다녀왔니? 밥 먹어야지! 오늘 학교생활 재미있었니?"라고 했는데 자녀는 "배고파요, 엄마"라고 했다면 3:1의 스트로크 교환이다. 이와 같은 스트로크를 교환할 때에는 양적으로 비슷하거나 더 많이 주는 것이 바람직하다.

둘째, 스트로크를 교환할 때에는 질적인 수준도 맞추어서 하는 것이 좋다. 예를 들면, 친구와 오랜만에 만났을 때 "정말 반갑다!"라고 말하면서 악수하는 친구와 그냥 악수만 하는 친구의 스트로크 교환은 질적으로 차이가 있다. 한 친구는 긍정적, 신체적, 정신적인 스트로크를 적극적으로 하였지만 다른 친구는 신체적 스트로크만 한 경우이다. 스트로크를 많이 한 친구에게는 아주 반가운 기분이 들지만, 한 가지 스트로크만 한 친구는 덜 반가울 수도 있다.

셋째, 스트로크는 장소와 타이밍이 맞아야 한다. 스트로크를 양적, 질적으로 비슷하게 또는 상대방보다 더 많이, 더 질적 수준이 높게 교환하는 것도 중요하지만 시기에 맞게 구사하는 것도 매우 중요하다. 예를 들면, 아내가 새로운 구두를 샀는데 일주일 후에야 남편이 새 구두에 대해 말하는 것은 시기를 놓친 스트로크이다. 분위기 있는 카페에서 상대방이 기분이 좋을 때 사랑을 고백하는 경우와 그렇지 않은 장소에서 고백하는 경우와는 결과가 분명히 다를 것이다. 따라서 스트로크를 때와 장소에 맞게 구사해야 한다.

넷째, 경청도 중요한 긍정적 스트로크이다. 스트로크에 굶주려 있는 사람은 말이 많아진다. 퇴근한 아빠를 보자마자 현관부터 따라다니면서 말을 거는 딸의 경우이다. 이때 아빠는 딸의 이야기를 들어주는 것만으로도 긍정적 스트로크를 줄 수 있다.

다섯째, 상대방이 긍정적인 스트로크를 주지 않으면 긍정적인 스트로크를 요구해야 한다. 예를 들면 머리 모양을 바꾸었는데도 상대방이 알아주지 않으면 "나 머리 스타일을 바꾸었는데 어때?"라고 말하는 것이다.

학생 자신에게 긍정적 스트로크를 해 보십시오. 양손을 엇갈려서 양쪽 팔뚝을 잡고 평상시 말하고 싶었지만 하지 못했던 말을 해 보십시오. 어떤 감정을 느꼈습니까?

연습문제

평상시에 사용했던 용어(단어)를 인식의 발상을 전환하여 긍정적으로 표현해 보십시오.

단점으로 인식	긍정적 스트로크로 전환
간사한	(예) 싹싹한, 애교가 있는
아부하는	(예) 사교적인, 붙임성 있는
고집불통	
나서는(설치는)	
독재적인	
소심한	
엉뚱한	
수다스러운	
냉정한, 차가운	
거만한	
의뢰심이 강한	
신경질적인	
편파적인	
허황된	
요령꾼	
경솔한	
저속한	
게으른	
이기적인	
강압적인	

종합정리

1. 스트로크는 상대방의 존재나 가치를 인정하기 위해서 하는 언행이나 접촉, 자극이다.
2. 스트로크는 인간의 건전한 정신 발달과 행동의 동기가 된다.
3. 스트로크 종류에는 긍정적, 부정적, 신체적, 정신적, 조건적, 무조건적이 있다.
4. 인간은 스트로크를 얻기 위해 산다.
5. 타인의 스트로크를 올바르게 받아들일 수 있어야 한다.
6. 타인의 말을 경청하는 것도 스트로크이다.
7. 긍정적 스트로크는 최대화하고 부정적 스트로크는 최소화해야 한다.
8. 긍정적 무조건부 스트로크는 인간 상호 간 신뢰감 형성의 기초가 된다.
9. 긍정적 조건부 스트로크는 구체적으로, 풍부하게, 타이밍을 맞춰야 한다.
10. 부정적 스트로크는 필요한 만큼 최소한 적게 해야 하며, 특히 무조건적 스트로크는 하지 말아야 한다.
11. 부정적 스트로크는 조건적으로, 행동과 영향을 명확히 하고 감정은 솔직히 해야 한다(나 전달법).

무엇인가 하고 싶은 사람은 방법을 찾아 내고
아무것도 하기 싫은 사람은 구실을 찾아 낸다.
- 아라비아 격언-

VIII

인생태도 진단과 해석

학습 목표

- 스탬프 개념을 설명할 수 있다.
- 네 가지 인생태도별 특징을 설명할 수 있다.
- 나의 인생태도의 강·약점을 해석할 수 있다.

01

스탬프와 인생태도

스티븐 코비(Stephen Richards Covey, 1932-2012) 박사는 그의 저서 『성공하는 사람들의 7가지 습관』에서 인간관계에 있어 신뢰를 예금계좌에 비유하였다. 그는 이것을 감정 계좌라고 불렀다. 은행 통장에 잔고가 많을수록 좋은 것처럼 상대방에게 내 감정 계좌의 잔고가 얼마나 되느냐에 따라 인간관계와 사회 생활의 성패가 결정된다는 것이다.

그는 감정 계좌의 잔고를 쌓는 6가지 방법을 다음과 같이 제안하고 있다.

첫째, 상대방을 이해하라. 다른 사람에 대한 이해는 우리가 할 수 있는 가장 큰 저축이고, 다른 모든 저축 방법을 시행하는 열쇠이기 때문이다.

둘째, 사소한 일에도 신경을 써주어라. 별것 아닌 무례함, 작은 불친절, 상대방에 대한 사소한 무시가 내 감정 계좌에서 잔고를 많이 빼 간다. 저축도 중요하지만 새는 것을 막는 것도 잔고를 유지하는 방법이다.

셋째, 약속을 지켜라. 약속을 상습적으로 어기는 사람은 신뢰를 잃는다. 지키지 못할 약속 같으면 아예 하지 않는 것이 좋다.

넷째, 기대 수준을 명확히 하라. 상대방에게 내가 해줄 수 있는 것, 내가 원하는 것을 분명하게 표시하라. 알아서 하길 바라고, 지레짐작하는 것은 분쟁의 씨앗을 뿌리고 있는 셈이다.

다섯째, 개인적인 고결함을 보여 주어라. 그러면 상대방에게 있는 감정 계좌의 잔고가 늘어난다. 그중 하나가 남들을 뒤에서 비방하지 않는 것이다. 그 자리에 없는 사람에 대해 충직할 때 상대방은 마음속 깊이 나를 신뢰하게 된다.

마지막으로 우리가 상대방의 신뢰를 잃을 상황이 되면 진심으로 사과하라. 정직하고 진실한 사과는 자칫하면 일어날 수 있는 대량 인출 사태를 방지하는 지름길이다.

스탬프

어릴 때 어떤 감정은 허용하고 어떤 감정은 억압된다. 스트로크를 받기 위해 허용되는 감정만 허용된다. 어린 아이가 자란 뒤에 각본에 따라 행동할 때 진실한 감정(authentic feeling)을 숨기고 허용되던 감정을 라켓감정(racket feeling)이라 한다. 라켓감정을 경험할 때 이를 표현하지 않고 저장하는 것을 스탬프(stamp)라 한다. 여기서 말하는 스탬프란 일정한 매수에 도달하면 정해진 물품과 교환할 수 있는 시스템을 상징화한 표현이다. 스트로크의 교환 결과로서 좋고 나쁜 감정을 자신의 마음속에 축적하는 것을 스탬프 수집(stamp collection)이라고 한다. 스트로크를 교환하면서 그 결과가 좋을 때는 골드 스탬프(gold stamp)를 수집한다. 불쾌하면 그레이 스탬프(gray stamp)를 수집한다.

스트로크를 받은 사람은 자신의 마음 용지에 그 스탬프를 축적하게 된다. 아이 자아ⓒ에 의해 이루어지는 감정 스탬프가 어느 정도 축적되면 사소한 감정 동요를 계기로 갑자기 폭발하게 된다. 이와 같이 갑자기 폭발하는 것은 평소 Not OK 감정이 축적된 결과의 청산이다. 참고 참았다가 더 이상은 못 참겠는 단계에서 청산하는 것은 청산 후에도 마음속을 안정 시킬 수 없다. 따라서, 부정적 감정을 축적하지 않고 그때그때 올바르게 청산하는 것이 현명하다.

스탬프 청산

스탬프 청산 수준

불쾌감을 의미하는 그레이 스탬프는 타인으로부터 부정적 스트로크를 받아 모이는 것과 자신이 모으는 경우가 있다. 타인으로부터 받았다 하더라도 어떤 사람으로부터 한 번 부정적 스트로크를 받거나, 같은 사람으로부터 반복하여 몇 번, 혹은 몇 개월, 아니 몇 년에 걸쳐 받은 것, 여러 사람으로부터 받은 것 등 여러 가지가 있다.

자신이 모은 부정적 감정의 응어리를 언제 어떤 형태로 청산할지는 스탬프가 어느 정도 모였는지에 따라 다르다. 또한, 그 방아쇠가 되는 계기가 무엇인지도 스탬프가 어느 정도 모였는지에 따라 다르다. 예를 들면, 모은 스탬프가 적으면 머리가 아프거나 의자, 책상을 걷어차는 정도이다. 그러나 스탬프가 많이 모이면 사소한 일로도 갑자기 폭발하기도 한다. 더 심한 경우는 노트북을 집어던지든지, 자신의 몸에 상처를 낼 수 있다. 폭력을 휘두르거나, 병에 걸려 집에 처박혀 나오지 않거나, 자퇴하는 등의 경우도 있다.

셀프 스트로크에 의한 골드 스탬프 청산

부모가 스트로크에 인색하면 자녀는 스스로 긍정적 스트로크를 모은다. 심리적 골드 스탬프도 모이면 역시 교환한다.

예를 들면, 아주 오래전부터 평일뿐만 아니라 주말에도 가끔 아르바이트를 한 학생은 골드 스탬프를 많이 모았다고 생각한다. 스탬프가 축적되면 자신의 아이 자아ⓒ로부터 자신의 부모 자아Ⓟ에게 이제 스탬프를 가득 모았으니 교환해도 좋은지 허가를 구한다. 그러면 자신의 부모 자아Ⓟ는 "좋아! 잘 참고 모았네. 이제 교환해도 좋아!"라고 허가를 보낸다. 그러면 학생은 편의점 사장에게 "사장님! 여행 가려고 하는데 삼일 정도 쉬었으면 합니다"라고 당당히 말한다. 사장이 무심코 "이번 달은 말고 다음 달 어때?"라고 말했다면, "사장님, 저 쉬지 않고 열심히 아르바이트 했다고 생각합니다!"라고 폭발하게 된다. 사장은 갑작스러운 일이기 때문에 당황하게 된다. 따라서 셀프 스트로크에 의한 골드 스탬프 수집은 바람직하지 않다.

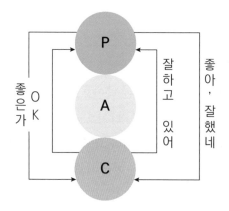

그림 57 셀프 스트로크에 의한 골드 스탬프 청산

그레이 스탬프 청산

그레이 스탬프를 스스로 모으는 사람이 있다. 예를 들면, 한 학생이 수업 시작 시간보다 10분 늦게 강의실에게 들어오면 교수는 "안녕!"이라는 스트로크를 할 수 있지만 아무 말 않고 쳐다본다. 이것은 완전한 디스카운트이다. 교수가 단 10분 정도 늦은 것으로 화를 내게 되면 수업 분위기를 흐릴 수 있어 참는다. 그러나 이 교수는 감정 계좌에 그레이 스탬프가 모이고 있는 것을 알지 못한다. 다음 수업 시간에도 그 다음 시간에도 같은 학생이 출석을 부른 다음에 들어오면 교수는 참고 있지만 얼굴에 화가 난 표정으로 드러나게 된다. 점점 스탬프는 배가 된다.

어느 날 수업하려고 강의실로 가는데 분명히 아는 학생이 인사를 하지 않고 지나쳤다. 강의실에서 학생들이 인사를 했음에도 받지 않고 노-스트로크(no stroke)인 채 수업을 진행했지만 마음은 아주 불편했다. 그때, 늘 지각하던 학생이 이번에도(1, 2분이었지만) 지각을 한 것이다. 그것이 방아쇠가 되었다. 교수는 출석을 부르다가 말고, 그 학생을 바라보면서 "학생! 이쪽으로 와 봐! 뭐야! 학생은 왜 이렇게 자주 지각해?"라고 큰 소리로 야단쳤다. 이것이 스탬프의 교환이라는 생각은 교수 자신도 못했으므로, 학생 입장에서 보면, 마치 폭력단(라켓)으로 갑자기 뒤통수 맞은 것처럼 영문을 몰라 하는 것도 무리는 아니다. 불과 1, 2분 늦은 것 때문에 '이게 뭐야. 이렇게 꾸짖다니!'라고 놀란 것은 그 학생뿐만 아니라 다른 학생들도 마찬가지였다.

어떻게 된 것일까? 묘하다. 정말로 폭발 소동과도 같은 것이었다. 문득 정신이 들은 교수는 모든 학생 앞에서, 큰소리로 야단치다니 후회했지만 이미 때는 늦었다. 이제까지 체험하지 못했던 몹시 큰 그레이 스탬프 덩어리를 한꺼번에 모으는 동시에 교수자는 멍하니 창밖을 보게 되었다.

인생태도

인생태도 개념

인생태도(life position)는 인생 초기 유아기에 이루어진 결단으로 자신과 타인에 대하여 어떤 가치를 부여했느냐, 즉 인생에 대처하는 기본적인 반응 경향, 기본적인 자세를 말한다.

인생태도 형성과정

　번 박사는 현재의 자신의 모습은 어린 시절부터 부모나 주위 사람들에 의해 만들어진다고 하였다. 부모나 주위 사람들로부터 긍정적 스트로크를 많이 받고 자란 사람은 인생을 살아가는 자세, 즉 인생태도가 긍정적이다. 부정적 스트로크를 많이 받고 자란 사람은 반대로 인생 태도가 부정적이다. 이렇게 긍정적 또는 부정적 스트로크에 반응하는 심리적 태도가 반복·강화되면서 한 사람의 인생태도가 형성된다.

　유아기 때의 자신과 타인에 대한 결단은 상당히 비현실적일지도 모른다. 그런데도 이때의 결단은 당연한 것으로 여겨진다.

　예를 들면, 어떤 아이가 놀림을 당하거나 때때로 바보 취급을 받게 되면 이 아이는 3~4살 무렵에는 자신은 바보이고, 다른 사람들은 그것을 모두 알고 있다고 생각하게 된다. 이 아이는 '나는 OK가 아니다. 그러나 당신은(자기 이외의 사람들) OK이다'라는 인생태도를 자기 각본(인생 대본)으로 하여 살아가게 된다. 5~6세 때에는 이때까지의 경험이 자신의 가치가 된다. 그와 동시에 다른 사람의 가치에 관한 생각도 명확해지게 된다.

　성인이 되면 직장에서나 가정에서나 스스로 결정한 인생태도에 따라 행동을 하게 된다. 때때로 자기 잘못이 아님에도 꾸중을 듣고도 어쩔 수 없다며 특유한 인생태도를 유지한다. 이러한 인생태도는 긍정적이든 부정적이든 간에 의식하지 못한 채 각본이 된다.

　예를 들면 '나는 OK가 아니지만, 당신은 OK이다'라는 감정을 가진 사람은 동료라든가 배우자에게 "너는 무엇이든 잘하는 것 같다! 그런데 나를 봐! 나는 잘 안 돼!"라는 말을 할지도 모른다.

　인간관계 중에서 A씨와는 이야기하기 쉽지만, B씨와는 이야기하기 어려운 경우가 있다. 이것은 어느 경우건 기본적 신뢰감이 있느냐 없느냐에 따른 것이다. 자기 쪽에서 A씨를 받아들일 태도가 있으면 A씨 쪽에서도 받아들이게 된다. 이 태도는 나도 OK, 당신도 OK라는 자타 긍정의 기본 구조가 나와 타인을 신뢰하는 마음의 자세를 형성하기 때문이다. 이때에는 부모 자아ⓟ, 성인 자아ⓐ, 아이 자아ⓒ의 균형을 취할 수 있는 마음 상태이고 심신이 모두 안정되어 있으므로 상대방을 마음으로부터 받아들일 수 있는 것이다.

네 가지 인생태도별 특징

어떤 사람이든 그 사람의 인생태도는 다음 두 가지의 기본적인 질문과 관계가 있다. 첫 번째 질문은 나는 도대체 이 세상에서 어떤 존재인가? OK인가? NOT-OK인가? 두 번째 질문은 다른 사람들은 나에게 도대체 어떤 존재인가? OK인가? NOT-OK인가?이다. 이 두 질문에 대한 결단이 인생태도의 기초가 된다.

사람들이 때와 장소에 따라 항상 동일한 인생태도를 취하는 것은 아니지만, 가장 빈번히 취하는 태도, 또는 중대한 국면에 직면해서 취하는 태도가 그 사람의 주된 인생태도라고 간주한다.

자타 긍정의 구조는 교류분석이 추구하는 가치 중 하나이다. 여기서 말하는 OK라고 하는 것은 사랑받고 있다, 사랑받을 가치가 있다, 자유로이 행동할 수 있다, 살 가치가 있다, 쓸모가 있다, 유쾌하다, 잘할 수 있다, 마음이 너그럽다 등 좋은 감정을 얻는 것을 의미한다.

반대로 OK가 아니라는 것은 사랑받을 가치가 없다, 자유로이 행동할 수 없다, 무력하다, 둔하다, 무엇을 사더라도 성공할 수 없다, 쓸 가치가 없다는 등 좋지 않은 감정을 얻는 것을 말한다.

자신에 대한 인생태도를 결정할 때 다음과 같은 결론을 내린다.
- 나는 누구보다도 선량하다. (I'm OK)
- 나는 언제나 바른 일만 한다. (I'm OK)
- 나는 좋은 두뇌를 가지고 있다. (I'm OK)
- 나는 살 가치가 없다. (I'm Not OK)
- 나는 무엇을 해도 잘 할 수가 없다. (I'm not OK)
- 나는 내가 생각한 대로 할 수 없다. (I'm not OK)

타인에 대한 인생태도를 결정할 때 다음과 같은 결론을 내린다.
- 사람들은 모두 멋지다. (You're OK)
- 사람들은 모두 정직하다. (You're OK)
- 사람들은 나를 도와준다. (You're OK)

- 사람들은 정말 형편없다. (You're Not OK)

- 사람들 사이에서 나는 괴롭다. (You're Not OK)

- 사람들은 신뢰할 수가 없다. (You're Not OK)

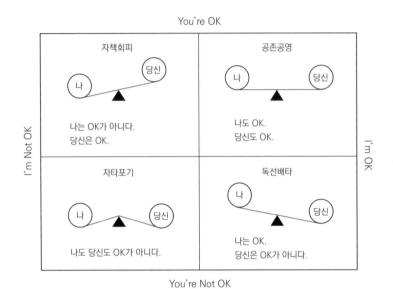

그림 58 네 가지 인생태도

제1 인생태도

제1 인생태도는 자기긍정과 타인긍정을 조합한 유형이다. 유아기에 부모로부터 따뜻하고 유쾌한 스트로크를 받은 OK 감정이 오랫동안 기억으로 남게 되어 만들어진다. 또한, OK 감정은 시간이 지남에 따라 강화되어 나도 OK, 당신도 OK라고 하는 바람직한 기본 인생태도가 형성 된다. 제1 인생태도로 살아가는 사람은 정신적, 신체적으로 건강하고, 사물을 건설적으로 대하고, 다른 존재의 의미를 충분히 인정하는 입장이다. 자신의 이익을 위해서 타인을 지배하거나 이용하려는 태도를 취하지 않는다. 즉, 제1 인생태도는 자신을 포함한 모든 사람을 신뢰하며 수용한다.

그러나 현실적으로 우리들이 이 태도를 완전히 터득하여 성인(聖人)이 되는 일은 매우 드물다. 따라서 제1 인생태도는 자신을 여러 가지 방법으로 훈련하여 터득

해야 할 인생태도라고 할 수 있다.

제2 인생태도

제2 인생태도는 자기부정과 타인긍정을 조합한 유형이다. 몇 년씩이나 똑같은 식으로 반복되는 스트로크에 익숙해진 유아는 그 후 부모 쪽의 사정과 기분에 따라 평소 자신의 기대(예를 들면 울면 젖을 주고 소리치면 기저귀를 채워 주는)에 반드시 응해 주지 않을 때도 있다는 경험을 하게 된다. 이러한 OK가 아닌 감정은 서서히 유아의 마음속에 쌓이게 된다.

제2 인생태도는 열등감에 시달리거나 우울해지기 쉬운 사람이 취하는 태도이다. 이 태도를 취하는 사람은 자기비하나 소극적인 태도 때문에 사회생활을 하면서도 자신은 무능한 인간, 무가치하고 살 만한 가치가 없다는 감정이 더욱 강해진다. 또한 타인에게 불쾌한 감정(초조하게, 노하게)을 도발함으로써 자신이 OK가 아니라는 것을 상대방에게 확인시키는 일도 있다. 이외에 자신의 편안한 마음을 구하는 수단으로 권위적인 사람에게 의지하는 경우도 있다. 제2 인생태도에 있는 사람이 심리게임을 연출할 때에는 희생자의 역할을 하게 된다.

제3 인생태도

제3 인생태도는 자기긍정과 타인부정을 조합한 유형이다. 제3 인생태도는 확실하게 OK라고 느꼈던 부모로부터 때때로 부정적 자극을 받는 일이 일어나면서 생긴다. 오랜 기간에 걸쳐 부정적 자극을 경험하게 되면 어린아이는 다른 것에는 의지하지 않게 된다. 스스로 위로하고 문제를 해결할 수 있는 것은 자신밖에 없다고 생각하게 된다. 이러한 삶의 방식을 유아기에 깨닫게 되면 나는 OK이고, 당신은 OK가 아니라고 하는 태도가 자기 생명을 지키기 위한 인생태도로 정착하게 된다. 이러한 태도를 보이는 사람은 자칫하면 자기방어적이고, 자기는 항상 옳고, 잘못된 것은 언제나 상대방이라고 느끼게 하는 행동을 반복하게 된다.

제3 인생태도는 지배적인 사람이 취하는 태도로 자신의 감정에 맞지 않는 사람을 배제하려는 경향이 있다. 자신감이 있는 것은 좋으나 자칫하면 그것을 과신하게 되어 타인을 보는 눈이 엄격해 진다. 상대방이 자신이 생각한 대로 움직여야 하고, 움직일 것이라는 생각을 갖기 때문에 주위와의 마찰이 생기기 쉽다.

또한, 상대방을 OK가 아니라고 간주하고 일방적인 지원이나 도움을 주려는 경우도 있다. 이런 태도는 친구를 무시하거나 결점을 들추어내는 사람에게서 볼 수 있다. 이들은 나쁜 일이 생기면 책임을 남에게 전가하는 경향이 있다. 이 태도를 보인 사람은 심리적 갈등상태에서 박해자나 구원자의 역할을 하게 된다.

제4 인생태도

제4 인생태도는 자기부정과 타인부정을 조합한 유형이다. 제4 인생태도는 부모에 의한 육아 기간이 끝날 무렵, 위험한 짓을 하여 부모로부터 야단맞을 일을 여러 번 경험하게 되면서 생긴다. 태어나서 1년이란 기간은 아주 모순된 인생을 체험하는 시기이다. 그 정도가 강하면 강할수록 또 그 차이가 크면 클수록 자신은 불가능하고 주위 사람들도 위험한 존재라는 것을 깨닫고, 버림받았다는 감정에 빠진다. 그래서 '나도 OK가 아니고, 타인도 OK가 아니다'라는 최악의 제4 인생태도를 갖게 된다.

제4 인생태도는 인생이 무가치한 것이어서 아무런 좋은 일이 없다고 느끼는 절망적·허무적 경향을 가진 태도이다. 이 태도가 강한 사람은 타인이 주려고 하는 애정이나 관심을 거부하고 자신만의 틀에 박혀 타인과 교류하는 것을 그만둔다.

또한 이 태도를 취하는 사람 중에는 사랑을 구하는 욕구가 강하기 때문에 상대가 자신을 사랑해 주고 있는지 아닌지를 확인해야 안심한다. 올바르게 사랑하는 방법을 터득하지 못해 오히려 상대방이 거절하여 점점 더 부정적인 태도가 강해진다. 이러한 인생태도를 갖는 사람은 심리적 갈등상태에서 희생자의 역할을 하게 된다.

그림 59 네 가지 인생태도별 특징

인생태도 식별 연습

다음 문장을 읽고, 네 가지 인생태도 중에 어느 인생태도에 해당되는지를 확인하여 OK 또는 Not OK를 적어 보자.

1. 다른 사람들은 그가 남의 얘기를 들으려고 하지 않는 고집쟁이라고 이야기한다.

   I'm <u>OK</u>   You're <u>not OK</u>

2. 그는 늘 다른 사람에게 실수나 하지 않을까 걱정을 한다.

   I'm _____   You're _____

3. 그는 남의 이야기를 들으면서 흔히 조소를 띄고 있으며 "당신은 잘 모르겠지만"이라는 말을 잘 한다.

   I'm _____   You're _____

4. 그는 남의 이야기를 들을 필요성도 거의 느끼지 못하고 그렇다고 해서 자기가 무슨 말을 해야할 필요성도 느끼지 못한다.

   I'm _____   You're _____

5. 그는 자기와는 다른 주장을 하는 사람이 있으면 그 사람이 그렇게 주장하는 이유가 있겠지 하고 생각한다.

   I'm _____   You're _____

6. 그는 회의에 참석하게 되면 미리 걱정이 되어서 몹시 긴장을 한다.

   I'm _____   You're _____

7. 부하들은 그를 너그럽게 대화가 잘 통하는 사람이라고 이야기한다.

   I'm _____   You're _____

8. 주위의 사람들은 그에게서 자포자기한 사람이라는 인상을 받는다.

   I'm _____   You're _____

9. 그는 날카롭고 비판적이며 상대방의 결점을 잘 꼬집어 낸다.

   I'm _____   You're _____

10. 그는 수줍고 내향적이며 자기자신에 대해서 비판적이다.

    I'm _____   You're _____

학생의 감정 계좌에는 잔고가 얼마나 남아있습니까? 감정계좌 잔고를 채우기 위해 주로 어떤 감정을 가지려고 노력합니까?

인생태도 진단

바람 앞의 촛불(Candle in the Wind, 1997)

영국의 장미여 안녕
우리의 마음속에 영원히 남아 있기를
당신은 찢긴 삶을 어루만진 은혜
당신은 영국의 주의를 환기시키고
고통받는 이들에게 속삭였지요
이제 천국으로 떠난 당신의 이름을
별들이 아로새기고 있네요
바람 앞의 촛불처럼
비 내리는 일몰에도 스러지지 않고
당신만의 삶을 살았던 사람
이제 당신의 발자취가
영국의 푸른 언덕에 언제나 남아 있으리
당신의 촛불은 진작 타버리고 없지만
전설만은 영원히 남을 거예요

    이 곡은 엘튼 존이 황태자와의 결혼으로 한때 세기의 결혼식이자 동화신데렐라의 현실판 주인공이라 불렸던 다이애나 스펜서의 죽음을 애도하는 노래이다.

    이미 널리 알려져 있듯 다이애나의 삶은 비참하게 막을 내렸다. 부부 사이는 좋지 않았으며 두 사람은 1992년 별거에 들어간 뒤 1996년 공식 이혼했다. 세계적인 패션 아이콘으로 인정받는 등 이혼 후 자기만의 삶을 살 본격적인 준비를 마쳤으나 그녀는 1997년 자동차 사고로 사망했다.

인생태도 진단

주관적 인생태도 진단

1. 자신에 대해 OK라고 느낄 때와 Not-OK라고 느낄 때를 비교해 보면 어느 쪽이
많습니까? 아래에 표시해 보십시오.

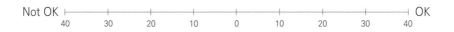

2. 타인에 대해 OK라고 느낄 때와 Not-OK라고 느낄 때를 비교해 보면 어느 쪽이
많습니까? 아래에 표시해 보십시오.

자신과 타인에 대해 학생이 표시한 인생태도 점수를 기입하고 그래프를 그려
보십시오.

3. 학생 주변 사람들은 어떤 인생태도를 취하는지 이름을 적어 보십시오.

① 자타긍정의 경향이 강하다고 생각되는 사람

② 자기부정·타인긍정의 경향이 강하다고 생각되는 사람

③ 자기긍정·타인부정의 경향이 강하다고 생각되는 사람

④ 자타부정의 경향이 강하다고 생각되는 사람

4. 학생 주변에는 어떤 인생태도를 취하고 있는 사람들이 많습니까?

객관적 인생태도 진단

인생태도 측정도구는 총 40개 문항으로 구성되어 있다. 각 문항을 읽고 문항의 오른쪽 4개 칸 중에 흰색 칸에 '상당히 그렇다'면 5, '다소 그렇다'면 4, '보통'이면 3, '다소 그렇지 않다'면 2, '상당히 그렇지 않다'면 1을 기입하십시오.

예를 들면, 1번 문항에는 "이 사람이 있어서 좋았다고 생각하는 일이 많다"라고 되어 있는데, 오른쪽에 3번째 칸에 숫자를 기입하면 됩니다.

학생 상황과 맞지 않거나 경험을 하지 않은 경우에는 그런 상황에 처했다고 가정하고 표시하십시오.

번호	문항	점수			
1	이 사람이 있어서 좋았다라고 생각하는 일이 많다.				
2	다른 사람과 함께 일을 하면 잘 안되는 경우가 많다.				
3	타인에게 매력을 잃는 일이나 자신의 실패에 대해 그다지 신경쓰지 않는다.				
4	무엇 때문에 이런 일을 하고 있는 것인가라고 생각하는 일이 있다.				
5	자기 취미에 맞지 않는 사람과는 어울리고 싶어하지 않는다.				
6	하루하루를 충실하게 보낸다고 생각한다.				
7	자기가 하고 싶은 일이라도 상대가 싫어하는 것 같으면 그만둔다.				
8	그가 여러 가지로 이야기하는 것을 즐겨 듣는다.				
9	타인이 실패하거나 잘못하더라도 그다지 조급해 하지 않고 기다린다.				

10	자신의 행동과 언어에 자신이 없다.			
11	상대가 친절하게 해 주더라도 부담스럽게 느낄 때가 있다.			
12	자신을 매력적이라 생각하며, 자신의 패션 감각을 좋아한다.			
13	사고방식이 다르거나 싫어하는 면을 지닌 상대와도 잘 어울린다.			
14	"연애란 이런 것"이라는 등 잘라 말하는 경향이 있다.			
15	자신에게는 아직 감추어진 재능이 있다고 생각한다.			
16	타인으로부터 비난받으면 아무런 말도 하지 못한다.			
17	귀찮은 일에는 가능한 한 관여하고 싶지 않다.			
18	좋아하는 사람에게는 스스로 다가선다.			
19	진정한 자신을 내보이면 타인에게 미움받을 것 같은 기분이 든다.			
20	상대와 싸우더라도 그와 함께 해낼 수 있다고 생각한다.			
21	대부분의 일에 대해 '하면 된다'고 생각한다.			
22	상대가 무엇인가 해 주는 것을 좋아한다.			
23	무엇을 하든 좋지 않은 사람이 많다고 생각한다.			
24	스스로 이성에게 접근하는 일이 없다.			
25	싫은 일이라도 곧 기분 전환할 수 있다.			
26	즐거운 듯한 사람을 보고 있으면 자신까지 즐거워진다.			
27	나는 이렇게 노력하고 있는데…라고 생각할 때가 있다.			
28	상대가 화제로 삼고 싶어하지 않는 것은 언급하지 않는다.			
29	그가 하는 말은 마음으로부터 좋다고 느낀다.			
30	앞으로 하고 싶은 일과 포부가 많이 있다.			
31	무엇을 하든 잘되고 있지 않은 감이 든다.			
32	무엇인가 문제가 생기면 다른 사람 탓으로 돌리는 일이 많다.			
33	"당신과 있으면 안심"이라는 말을 상대에게 자주 듣는다.			
34	제멋대로 말하며, 자신의 사고방식에 만족한다.			
35	타인과 비교해 보아 자신이 모자란 점이 많다고 체념하는 일이 많다.			
36	상대가 하는 말을 그대로 믿기 쉬운 편이다.			

37	개인적인 일은 거의 이야기하지 않는다.							
38	자신이 느낀 것은 무엇이든지 상대에게 이야기하는 편이다.							
39	자신의 호감이 상대에게 피해를 준 것은 아닌가 하고 걱정한다.							
40	상대의 무신경함에 화를 내는 일이 있다.							

다 하였으면 위에서 아래로 점수를 더해서 맨 아래에 있는 칸에 합계 점수를 기재하십시오.

첫 번째 칸의 합계 점수는 I'm OK 점수입니다.

두 번째 칸의 합계 점수는 I'm not OK 점수입니다.

세 번째 칸의 합계 점수는 You're OK 점수입니다.

네 번째 칸의 합계 점수는 You're not OK 점수입니다.

자신의 인생태도 프로파일을 그려 보십시오. 면적이 가장 넓은 인생태도는 기본 인생태도(basic Life Posion)입니다. 제1 인생태도를 주 인생태도(main life posion)라고 하며, 제2·제3 인생태도 중에서 더 큰 인생태도를 부 인생태도(back up life posion)라고 합니다. 기본 인생태도가 주 인생태도인 사람도 있고, 기본 인생태도가 부 인생태도인 학생도 있을 수 있습니다.

그림 60 나의 인생태도 프로파일

학생의 인생태도 진단 결과를 설명해 보십시오.

03

인생태도 수정

내 기억 속의 우리 부모님은 우리들에게 공부 이야기는 안 하시고 건강하게 자라기만 하라는 말뿐이셨다. 공부가 왜 필요한지 왜 해야 하는지 알려 주시지 않았다. 소극적인 나는 무관심 속에 아무 생각없이 미래의 꿈도 없이 그냥 아무 탈없이 자랐다. 고등학교 졸업하고 보육보조교사로 활동하며 대학에 가겠노라 재수, 삼수...계속 공부에 대한 갈망 속에 있다가 결혼을 하게 되어 대학의 꿈을 포기했다.

나는 올해의 목표와 꿈을 정했다. 평생교육사를 따서 지금 운영하고 있는 공예학원에 접목시키는 것이다.

참 어렵긴 하다. 방송도 여러번 듣고 열심히 공부하였는데 성적은 만족스럽지 못하다. 너무 늦게 시작했나 보다. 글자들이 머릿속에 안 들어오고 계속 날아간다. 그래도 노력해 본다. 이 평생교육사 자격증이 나의 자아실현에 대만족을 줄 것 같다는 생각도 해본다.

- ㅇㅇ평생교육원에 수강하는 한 학습자가 제출한 과제 중 -

기본인격 형성과정에서 아이 자아ⓒ가 받은 감정의 기억, 사실의 기억은 오랫동안 남는다. 어떤 인생태도를 정하는 데 영향을 미친 경험 그 자체를 지워버릴 수는 없다. 그러나 한번 결정한 인생태도는 왜곡된 태도이고 자신과 타인에게 행복을 가져다 주지 않는다면 새로운 인생태도로 바꾸어야 한다.

자신의 인생태도는 유아기의 특정 상황 속에서 스스로 결단한 것이기 때문에 바람직하지 않다면 빨리 탈출해야 한다. 밝은 인생, 서로 신뢰할 수 있는 인간관계를 만들어 내는 제1 인생태도(나는 OK, 당신도 OK)로 이행하는 것이 중요하다.

제1 인생태도

제1 인생태도는 인간 관계를 원만하게 유지하며 살아간다. 자신에 대해서도 상대방에 대해서도 긍정적인 태도를 보이기 때문에 가장 바람직한 인생태도이다.

제2 인생태도

제2 인생태도는 어떤 일이 잘못되거나 잘 풀리지 않을 경우에 그 책임을 자기 자신에게 돌린다. 자기 자신에게는 부정적이지만 상대방은 긍정적인 눈으로 바라본다. 누구와 어떤 상황에서 Not OK-OK가 되는지 잘 생각해서 그 사람과 그 상황이 되지 않도록 노력해야 한다. 그래야만 불쾌한 감정을 갖지 않게 된다.

제3 인생태도

제3 인생태도는 자신에게는 관대하고 긍정적이지만 상대방에게는 부정적인 태도이다. 어떤 일이 잘못되거나 문제가 발생하면 자신의 탓으로 돌리기보다는 상대방의 탓으로 돌린다. 이런 사람은 상대방의 장점을 보려는 노력을 통해 상대방에게도 긍정적으로 대해야 한다.

제2와 제3 인생태도인 사람은 심리게임을 할 가능성이 있다. 어느 인생태도로 이동해도 희생자와 박해자의 입장만 바뀌어 근본적으로 개선되지 않는다. 자신과의 관계에서 어떤 부정적 감정이 교류되는지를 구체적으로 분석하여 파괴적인 심리게임에 빠지지 않도록 노력해야 한다.

제4 인생태도

제4 인생태도는 인간관계를 하는 데 있어 상당히 어려움이 있다. 인생태도가 비관적이며 세상을 항상 부정적인 시각으로 바라본다. 이런 사람들은 매사에 불평불만이 많다. 제1 인생태도로 바꾸기 위해서는 어떤 사람과 어떤 상황에서 OK-OK의 관계로 교류하는 것이 좋은지를 생각해야 한다.

긍정적인 삶(OK-OK)인 제1 인생태도로 살아가는 데 방해가 되는 장애요인은 무엇이고 해결방안은 무엇입니까?

가까운 사람의 이름을 해당되는 인생태도란에 적어 보십시오. 그리고 그들과 나의
인간관계가 어떤지 토의해 보십시오.

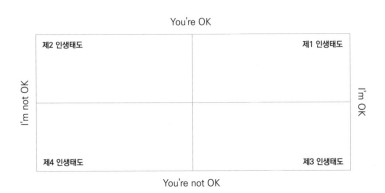

네 가지 인생태도별 자신, 타인, 삶, 대화방법, 문제해결 방법을 적고 토의해 보십시오.

	제1 인생태도	제2 인생태도	제3 인생태도	제4 인생태도
타인에 대해	• 사이 좋게 함께해 간다.			
자기에 대해		• 자신감을 가질 수 없다. • 자기는 강하지 않고, 무능하다 생각한다.		
삶에 대해			• 흑백이 아니면 만족하지 않는다.	
대화				• 적의를 갖고 험악, 반항적
문제 해결				

1. 스탬프(stamp)는 스트로크의 교환 결과로서 좋고 나쁜 감정을 자기 마음속에 축적하는 것이다.

2. 인생태도는 자기 자신과 타인에 대해 어떻게 느끼고 어떤 결론을 내리고 있는 지를 말하는 것으로, 한 개인의 가치관, 인생관, 세계관과 관련되며 어떤 태도나 자세를 취하느냐에 따라 상호 이해와 적응 양상이 달라진다.

3. 인생태도는 자신에 대한 긍정성(I'm OK)과 부정성(I'm not OK), 타인에 대한 긍정 성(You're OK), 부정성(You're not OK)을 조합한 유형이다.

4. 제1 인생태도는 자기긍정과 타인긍정을 조합한 유형으로, 자신을 포함한 모든 사람을 신뢰하며 수용한다.

5. 제2 인생태도는 자기부정과 타인긍정을 조합한 유형으로, 타인보다 무력하고 열등하다고 느낀다.

6. 제3 인생태도는 자기긍정과 타인부정을 조합한 유형으로, 자신과 맞지 않으면 상대방을 배제하고, 남의 탓으로 책임을 전가한다.

7. 제4 인생태도는 자기부정과 타인부정을 조합한 유형으로, 절망을 느끼며 삶에 대한 흥미를 느끼지 못한다.

8. 자신의 인생태도가 어떠한지를 알고 부정성을 감지한다면 그 태도에서 벗어나 밝은 인생, 서로 신뢰할 수 있는 인간관계를 유지할 수 있는 '나도 OK, 당신도 OK 태도'로 변화할 수 있다.

우리가 하는 걱정거리의
40%는 절대 현실에서 일어나지 않을 일이며,
30%는 이미 일어났으며,
22%는 사소한 고민이며,
오직 4%만이 우리 힘으로 바꿀 수 있는 일이다.
-어니 젤린스키(Ernie J. Zelinski)-

IX

심층 커뮤니케이션과 라켓감정

학습 목표

- 자아상태와 인생태도를 활용하여 심층 커뮤니케이션을 설명할 수 있다.
- 라켓감정과 진실한 감정의 차이를 설명할 수 있다.
- 심리게임 흐름도를 설명할 수 있다.

01 심층구조와 커뮤니케이션

두 형제가 있었다. 형제의 아버지는 술꾼으로 일찍 죽었다. 형제 중 형은 자라서 아버지와 똑같은 알코올 중독자가 되었다. 누군가 그에게 왜 그랬냐고 질문하자 "보고 배운 게 그것밖에 없어서"라고 대답했다. 반면에 동생은 열심히 공부해서 변호사가 되었다. 누군가 그에게 어떻게 변호사가 되었느냐고 질문하자 그는 "아버지처럼은 되지 않으려고"라고 대답했다.

두 형제의 차이는 무엇이었을까? 그것은 무의식 깊숙이 자리한 '정체성'이다. 형은 성장하면서 아버지의 정체성을 무의식 속에 내면화 했고, 동생은 의식적인 노력 끝에 새로운 정체성을 형성한 것이다. 이처럼 의식은 무의식을 지배하고 무의식은 의식을 지배한다.

정신분석의 창시자인 프로이트(Sigmond Freud, 1856-1939)는 사람 마음속의 독립된 두 영역을 발견하였다. 하나는 의식 영역이고 다른 또 하나는 무의식 영역이다. 의식과 무의식은 모든 사람이 가지고 있는 정신 세계이다.

무의식은 인간이 인지하고 이해하고 종용할 수 없는, 즉 의식이 알지 못하는 심리 영역이고, 무의식은 인간의 마음속 깊은 곳에 자리를 잡고 인간의 운명을 결정해 주는 엄청난 일을 하는 영역이다.

의식권과 무의식권에서의 커뮤니케이션

　　CP(비판적인 부모 자아), NP(자애로운 부모 자아), FC(자유로운 아이 자아), AC(순응한 아이 자아)는 '의식권 커뮤니케이션'이며, Y-(You're not OK), Y+(You're OK), I+(I'm OK), I-(I'm not OK)는 '무의식권 커뮤니케이션'이다. 의식권과 무의식권 커뮤니케이션은 상호 연관이 있다. 예를 들면, 무의식권인 Y-인생태도가 크면, '너는 참 못났어!'와 같은 상대방에 대한 부정성으로, '너는 왜 그러니!'라는 CP가 작용한 커뮤니케이션을 할 가능성이 높다. 또는 나 자신에 대한 긍정성 즉 I+인생태도가 높아도 FC가 작용한 커뮤니케이션을 하지 않기도 한다. 왜냐하면 속에 있는 마음을 그대로 표현할 때 주위 상황에 맞지 않거나 피해를 줄 수 있고 예의에 맞지 않다고 생각할 수도 있기 때문이다. 이와 같이 CP는 Y-, NP는 Y+, FC는 I+, AC는 I-와 연계할 수 있다. 따라서, 겉마음(자아상태)과 속마음(인생태도)을 알고 어떻게 작용하고 있는지, 어떻게 대처하면 좋은지를 아는 것은 매우 중요하다.

　　먼저, 자신의 자아상태와 인생태도 진단 점수를 확인하여 각 점수를 그래프에 표시해 보자.

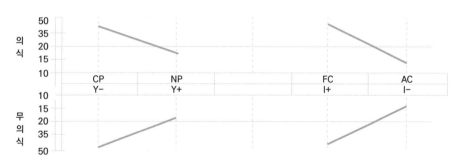

그림 61　의식권과 무의식권이 유사한 유형 1

　　이 그래프의 경우에는 의식권과 무의식권 유형이 비슷하다. 사회적 커뮤니케이션 CP, NP와 심리적 커뮤니케이션 Y-, Y+의 유형이 비슷하다. 겉마음과 속마음이 비슷하여 솔직하다고 볼 수 있다.

　　Y-와 CP 관계를 보면, 상대방에 대한 부정성이 강한 대로(Y-) 상대방에게 강제하거나 비난, 비판하는 대화가 될 가능성이 높다(CP).

Y+와 NP 관계를 보면, 상대방을 위한 긍정성이 낮은 대로(Y+) 상대방의 입장을 고려하지 않거나 배려가 없고, 상대방을 위하는 대화를 하지 않을 가능성이 있다. (NP)

I+와 FC 관계를 보면, 자기 자신에 대한 긍정성이 강한 대로(I+) 기쁘고, 즐겁고, 화나고, 분노하는 마음을 자유자재로 표현한다. 말하고 싶은 것은 주저 없이 말한다(FC).

I-와 AC 관계를 보면, 자신에 대한 부정성이 낮은 대로(I-) 남이 하는 말에 개의치 않거나, 자신이 희생되는 말이나 행동은 잘 하지 않을 가능성이 높다(AC).

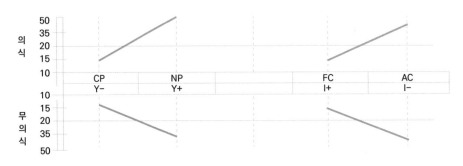

그림 62 의식권과 무의식권이 유사한 유형 2

이 그래프의 경우도 의식권과 무의식권 유형이 비슷하다. 사회적 커뮤니케이션 CP, NP와 심리적 커뮤니케이션 Y-, Y+의 유형이 비슷하다. 겉마음과 속마음이 비슷하여 솔직하다고 볼 수 있다.

Y-와 CP 관계를 보면, 상대방에 대한 부정성이 낮지만(Y-) 상대방의 과오에 대해 관대하여 책임을 문제 삼지 않는다. 후배나 자녀에게 후하게 대한다(CP). Y+와 NP 관계를 보면, 상대방을 위한 긍정적인 마음이 강하여(Y+) 인정이 많고, 자녀나 남을 돌봐 주는 것을 좋아한다. 부탁을 받으면 거절하지 못한다. 곤경에 처한 사람을 위로하고 격려한다. 꾸짖기보다 칭찬할 가능성이 높다(NP).

I+와 FC 관계를 보면, 자기 자신에 대한 긍정성이 약하여(I-) 희로애락을 자유롭게 표시하지 못하거나, 하고 싶은 말도 서슴없이 말하지 못할 수 있다. 갖고 싶은 것도 쉽게 가져서는 안 된다고 생각한다. 오락, 음식, 도박을 하게 되면 죄악감

을 느낄 수 있다(FC).

I-와 AC 관계를 보면, 자신에 대한 부정성이 높아(I-) 무리해서라도 부모님이나 다른 사람의 기대에 부응하려고 한다. 자기주장을 하지 않고 남이 하는 말에 신경을 쓴다. 자기비하나 열등감으로 인해 참된 자신을 표현하는 대화가 어렵다(AC).

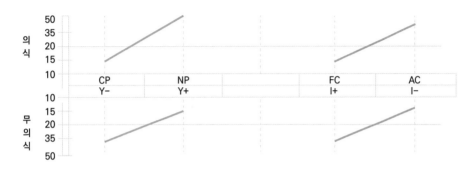

그림 63 의식권과 무의식권이 다른 유형 1

이 그래프의 경우에는 의식권과 무의식권이 다른 것을 보여준다. 사회적 커뮤니케이션과 심리적 커뮤니케이션이 다르다. 겉과 속이 달라 솔직하지 못하다고 볼 수 있다. 중요한 것은 속마음과 겉마음이 다를 수밖에 없는 이유와 상황을 아는 것이다.

Y-와 CP 관계를 보면, 상대방에 대한 부정적인 마음이 강한데 비해(Y-), 실제 현실에서는 상대방의 과오나 실수에 대해 책임을 문제 삼지 않는다. 후배나 자녀에게 관대하게 대한다. 예를 들면, 상대방이 상사나 부모라면 설사 부정성 마음을 가지고 있다 하더라도 비난이나 비판할 수 없다. 윤리, 도덕, 예의가 작용한 것이라고 볼 수 있다. 나름 생존을 위한 대화나 행동일 수도 있다.

Y+와 NP 관계를 보면, 상대방에 대한 긍정적인 마음이 약하지만(Y+), 상대방을 인정하고, 돌봐 주고, 부탁을 받으면 거절하지 않는다. 곤경에 처한 사람을 위로하고 격려한다. 꾸짖기보다 칭찬할 가능성이 높다(NP). 예를 들면, 직업적 특성에서 찾아볼 수 있다. 오랫동안 간호 업무를 한 간호사는 직업 특성상 환자를 따뜻하게 돌봐 주어야 하며, 위로나 격려하는 말을 해야 한다.

I+와 FC 관계를 보면, 자기 자신에 대한 긍정성이 강하지만(FC+), 희로애락을

자유롭게 표시하지 못한다. 하고 싶은 말도 서슴없이 말하지 못한다(FC). 예를 들면, 분위기상 너무 뛰지 않아야 되는 회의 상황이나 장소에 있을 때 해당될 수 있다.

I-와 AC 관계를 보면, 자신에 대한 부정성이 낮더라도(I-) 무리해서라도 부모나 남의 기대에 부응하려고 한다. 자기주장을 하지 않고, 남이 하는 말에 신경을 쓴다. 자기비하의 감정이나 열등감을 가지고 있고, 참된 자신의 모습으로 살고 있지 않다(AC). 예를 들면, 권력이나 직위에 대하여 지시나 기대를 수용해야만 하는 상황에서 나타날 수 있다.

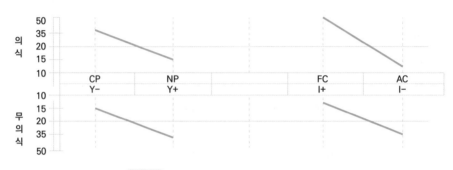

그림 64 의식권과 무의식권이 다른 유형 2

이 그래프는 의식권과 무의식권이 다른 것을 보여준다. Y-와 CP 관계를 보면, 상대방에 대한 부정적인 마음이 낮지만 (Y-), 실제로는 상대방에게 비난하거나 비판할 가능성이 높다. 예를 들어, 상사라면 부하직원이 믿지 않더라도 조직의 장악을 위해 또는 팀 실적을 내기 위해, 또는 본인의 약점을 감추기 위해 일부러 강하게 비판하거나 질책하는 경우이다. 부모가 자신의 존재를 드러내기 위해, 또는 자녀가 잘 되었으면 하는 마음에 없는 말을 하는 경우도 여기에 해당된다.

Y+와 NP 관계를 보면, 상대방에 대한 긍정적인 마음이 강하지만(Y+) 상대방을 대하는 대화가 부드럽지 않다. 곤경에 처한 사람을 위로하거나 격려할 가능성이 낮다(NP). 예를 들면, 냉정한 현실을 반영하는 것으로, 상대방을 너무 위해주면 자신의 업무가 많아져 자신의 시간을 갖지 못해 단호하게 거절해야 하는 경우이다.

I+와 FC 관계를 보면, 자기 자신에 대한 긍정성이 낮지만(FC+), 희로애락을 자

유롭게 표현한다. 하고 싶은 말도 서슴없이 말한다(FC). 무엇인가 잘 보여야 하거나 분위기를 잘 만들어야 하는 상황이다. 예를 들면, 다른 사람과의 유쾌한 분위기나 분위기 메이커를 해야 하는 연예인 직업의 경우이다.

I-와 AC 관계를 보면, 자신에 대한 부정성이 높더라도(I-) 부모나 남의 기대에 부응하지 않고 자기주장을 한다. 남이 하는 말에 신경 쓰지 않는다(AC). 예를 들면, 열등감을 숨기기 위해 과장하여 자기주장을 하는 경우이다. 이 외에도 여러가지 유형이 있다.

학생이 진단한 자신의 의식권 커뮤니케이션인 CP, NP, FC, AC와 무의식권 커뮤니케이션인
I+, I-, Y+, Y-와의 관계를 분석해 보십시오.

02

라켓감정

어릴 때 부모님이 싸우는 모습을 본 적이 있는가? 부모가 싸우는 모습을 자주 보게 되면 아이는 눈치를 보게 되고 우울한 감정이 몰려온다. 나중에는 두려운 감정으로 대체된다.

부모님이 장난감을 사주지 않아 화를 낸 적이 있는가? 계속 화를 내어 엄마가 그때서야 요구를 들어준 적이 있는가? 이러한 상황이 반복되면 프로그래밍되고 강화되어 이 아이는 자라서도 계속 화를 내게 된다. 화를 내는 것이 정당화되고 이를 통해 보상받는다.

어린 아이가 잘못하면 부모님은 벌을 준다. 이때 어린 아이가 반항하다가 운다. 부모님은 벌을 주다가 계속 울면 달래기 위해 벌 주는 것을 멈추고. 지지해준다. 이때 이 어린 아이의 반항은 울음으로 대체되어 울음이라는 가짜 감정이 어린 아이가 반항을 표현하는 데 작용하게 된다.

진실한 감정과 라켓감정

슬플 때 슬픈 감정을 표현하는 것은 자연스럽고 진실해 보인다. 문제는 상황에 맞지 않거나 과도하게 표현할 때이다. 분노를 느낄만한 상황을 접하게 될 때 그 상황과 정도에 맞게 분노하는 것은 자연스럽다. 문제는 그 상황에 맞지 않거나 과도하게 표출했을 때이다. 교류분석에서는 상황에 맞는 자연스러운 감정을 진실한 감정(authentic feeling)이라고 한다. 진실한 감정은 주로 제1 인생태도(I'm OK, You're

OK)인 사람에게 나타난다.

그러나 진실한 감정과는 다르게 어린 시절에 배우고 조장되어 서로 다른 많은 스트레스 상황에서 경험했던 익숙한 감정을 라켓감정(racket feeling)이라고 한다.

라켓감정은 아동기에 금지되었던 감정에 대체된 감정으로 '진실되지 않은 감정'이라고 불린다. 그러나 '진실한 감정'은 금지되기 이전에 실제 느꼈던 감정이다.

진실한 감정을 교류분석에서는 4가지 감정군으로 말한다.

• 화(mad) 감정군

• 슬픔(sad) 감정군

• 두려움(scared) 감정군

• 기쁨(glad) 감정군

진실한 감정의 목록은 적지만 라켓감정은 많다. 여러 정서 표현도 포함되고, 어쩔 줄 모르다, 무력하다, 궁지에 몰리다 등과 같이 표현하기 모호한 용어들과, 때로는 혼란스럽다, 멍하다 등 사고에 가까운 것도 있다.

라켓감정은 어린 아이의 슬픔 감정은 지지를 받았으나 자신은 부정되었다는 느낌을 받아 결국 I'm Not OK 인생태도가 될 때 생긴다. 부모가 라켓감정을 가지고 자녀를 대하면 자녀 역시 라켓감정을 가지고 살아가게 된다. 타인의 관심과 주의를 끌어내기 위해 예전부터 지지되어온 감정을 사용하게 된다. 이는 그 상황에 맞지 않는 부정적이고 왜곡된 감정이다. 현실의 문제를 해결하기 위한 성인 자아 Ⓐ의 감정으로서 부적절한 것이다. 주로 제2, 3, 4 인생태도를 가진 사람에게 발생하는 감정이다.

라켓감정은 어릴 때 그 상황에 맞지 않은 왜곡된 감정을 경험한 결과가 성인이 됐을 때 재현되어 나타난다. 스트레스와 부정적인 감정이 어릴 때 경험한 라켓감정으로 무의식중에 재현되는 경우가 많다. 라켓감정으로 타인을 대하면 진정한 감정을 속이는 것으로 사람 관계에서 실패하게 될 확률이 높다.

라켓감정을 느낀다는 것은 각본(script)에 들어가 있을 때이다. 라켓감정이 각본 기제에서 중요한 역할을 하는 것은 어린 아이가 욕구를 충족하는 수단으로 라켓감정을 사용하도록 가정에서 학습되었기 때문일 수 있다.

라켓감정과 스탬프

라켓감정을 느낄 때는 그 감정을 표현하거나 혹은 저장해 둔다. 나중에 사용하기 위해 라켓감정을 저장하는 것을 스탬프 수집이라고 한다.

예를 들어, 누군가 분노 스탬프를 모은다고 가정해 보자. 그는 가정에서 아버지가 화를 낼 때 분노를 느끼지만 바로 표현하지 않는다. 대신 애꿎은 컴퓨터 게임한다. 이것은 모아 두었다가 바로 사용한 예에 해당한다.

스탬프를 사용하는 대상은 라켓감정을 느끼게 했던 사람이 아닐 수 있다. 만일 스탬프를 그날 사용하지 않고 몇 달, 몇 년을 모아두었다가 한꺼번에 사용하게 되면 분노 형태로 폭발한다. 그럴 경우 부모에게 소리 지르거나, 부모에게 대들 수도 있다.

라켓티어링

잉글리시(English)는 라켓티어링(racketeering)을 라켓감정에 대한 스트로크를 추구하는 교류 양식이라고 하였다. 라켓티어(racketeer)는 라켓감정을 표현해서 상대방과 교류를 하게 되는 것으로 상대방이 라켓티어에게 스트로크를 주는 한 계속된다.

잉글리시는 라켓티어링의 두 가지 유형을 제시하였다. 이것은 부모 자아Ⓟ와 아이 자아ⓒ의 상보교류에서 볼 수 있다.

유형 1 아이 자아ⓒ가 라켓티어의 역할을 하고 그의 인생태도는 제2 인생태도 (I'm not OK, You're OK)이다.

* 에피소드 1

라켓티어: 나 오늘 기분 별로야.

상대방: 무슨 일 있어?

라켓티어: 조장이 또 날 들들 볶아. 짜증나.

상대방: 거참, 안됐네.

* 에피소드 2

라켓티어: 조장은 나에게 정말 도움이 안 돼.

상대방: 뭐? 그런 문제는 자신이 알아서 해야지.

라켓티어: 내가 뭘 할 수 있어? 그 사람은 조장인데.

상대방: 그러면 교수님를 찾아가서 의논하든지.

두 사람의 대화에서 보듯이 유형 1은 상보대화이다. 라켓티어의 말은 슬프거나 반항적으로 들릴 수 있다는 특징이 있다.

유형 2 부모 자아ⓟ가 라켓티어의 역할을 하고, 그의 인생태도는 제3 인생태도 ('I'm OK, You're not OK)이다.

* 에피소드 1

라켓티어: 많이 먹었지?

상대방: 네, 고마워요.

라켓티어: 더 먹지 그래?

상대방: 아뇨, 배불러요. 감사해요.

* 에피소드 2

라켓티어: 또 늦었군.

상대방: 죄송해요.

라켓티어: 죄송? 벌써 몇 번째인지 알아?

상대방: 정말 죄송합니다.

유형 2의 라켓티어의 말도 두 가지 양식이 있다. 감사 인사를 받으려 하거나 사과를 받으려는 특징이 있다.

라켓티어링은 라켓감정을 수반한 일종의 오락, 즉 잡담(pastime)이다. 이 교류는 어느 한 사람이 철회하거나 교차교류를 하기 전까지는 지속된다. 그리고 라켓티어링은 종종 심리게임으로 전환된다.

어릴 때 자주 허용되었던 라켓감정(Racket feeling)은 무엇이고, 언제 자주 느낍니까?
그때 기분은 어떻습니까?

03

심리게임

현재라고 하는 것은 독특한 시제다. 현재는 항상 여기에 존재하면서도 동시에 여기에 머무르지 않는다. 만약 우리가 어떤 것을 상상한다면 이것은 엄밀히 말해 미래다. 만약 우리가 어떤 것을 되새긴다면 이것은 과거일 것이다. Berne은 이 이상하고도 어려운 문제를 그의 스승 Paul Fedem의 가르침을 따름으로써 해결했는데, 그것은 모호한 '현재'라는 개념을 24시간의 현존하는 기간으로 정의한 것이다.

우리가 현재를 순간으로 정의하든 하루의 시간으로 정의하든 간에 우리가 뭔가를 할 수 있는 때는 현재뿐이다. 만약 미래가 과거와는 달랐으면 하고 바란다면 그 차이를 만들어 내기 위해 현재에 무엇인가를 해야만 하는 것이다. 만약 내가 상담자로서 사람들의 변화를 원한다면 나는 바로 지금 변화를 촉진시키는 작업을 해야 할 것이다.

- 한국교류분석임상연구회 역(Ian Stewart 저)의
『교류분석 상담의 적용 (2016, 학지사)』 중 -

심리게임

번 박사는 그의 저서 『Games People play(1964, 2004)』에서 인간의 행동 중에서 예측 가능하고 정형화되어 있으며, 일반적으로 파괴적인 결말로 끝나는 것을 심리게임(psychological game)이라고 하였다.

심리게임은 부정적인 교차교류이지만 초기에는 확실하게 예측 가능한 결과를 향해 진행하는 일련의 상보교류와 이면교류이다. 심리게임은 이면성과 결말이라는 두 가지 특징에서 단순한 사회적인 대화나 잡담과는 구별된다.

심리게임은 표면상으로는 그럴 듯하더라도 이면에는 왜곡된 형태로 자신이 사랑받고자 하는 욕구를 충족시키려고 한다. 또한 심리게임은 어린 시절에 형성된 인생태도를 반복하거나 확인하고 싶은 욕구도 있다. 이와 같은 숨겨진 동기는 결말을 관찰할 때 확실해진다.

심리게임은 클라이맥스가 있다. 심리게임은 일정한 과정을 거치면서 진행된다. 심리게임을 하고 있으면 순식간에 시간이 지나가며 상대방을 속인다든지 이용하는 복잡한 형태로 구조화된다.

감정적인 면에서 보면 심리게임은 언제나 불쾌감을 준다. 뒤끝이 나쁜 감정을 교류분석에서는 결말 감정이라고 한다. 심리게임은 대부분 상대방을 디스카운트하는 데서부터 시작되며 이후 상대방의 부정적인 감정(예: 분노)을 도발해서 클라이맥스에 도달한다.

심리게임을 하는 이유

사람들이 불쾌한 결말 감정을 가지면서도 심리게임을 하는 이유는 다음과 같다.

1. 시간을 구조화하는 수단이 된다.

서로가 상대방에 대해 '흉보기'를 하는 일종의 심리게임은 시간 구조화의 한 방법이다. 노인 부부가 무료한 시간을 보내는 것도 인간관계 게임이라고 볼 수 있다. 따라서 시간의 구조화 형태와 인간관계는 상당한 관계가 있다.

2. 스트로크를 얻기 위한 수단이 된다.

유아는 성장 과정에서 사랑이나 인정 등의 긍정적 스트로크를 받으려고 한다. 그러나 제대로 사랑과 인정을 받아들이는 방법을 경험하지 못하거나 학습하지 못하면 부정적 스트로크라도 추구한다. 부정적 스트로크를 획득하는 습관이 게임의 시작이다.

3. 스탬프를 수집하는 수단이 된다.

스탬프를 수집한다는 것은 어린 시절에 얻었던 것과 같은 감정을 몇 번이나 얻으려고 하는 것으로, 정신분석상에서는 감정전이와 반복강박을 혼합한 행위이다.

4. 인생태도를 정당화하는 수단이 된다.

인간은 기본적으로 인생태도를 확인하기 위해 심리게임을 사용한다. 예를 들어, '나를 차주세요(Kick Me)' 심리게임은 I'm not OK, You're OK라는 인생태도를 강화시켜 주기 때문에, 이 심리게임에 들어간 사람은 타인에게 혼나는 것을 정당화하게 된다.

심리게임 특징

심리게임에는 몇가지 특징이 있다.

1. 숨겨진 의도가 있다.

모든 심리게임은 표면적으로는 그럴듯한 사교적인 상보적 교류이지만 그 이면에는 반드시 의도가 숨겨져 있다. 심리게임은 왜곡된 방식에 의해 타인으로부터 사랑받고 싶은 욕구, 즉 스트로크를 충족시키려는 것이다. 심리게임에는 어렸을 때 형성된 인생태도를 반복·확인하고자 하는 숨겨진 동기가 있으며, 이는 결말에 가서야 명확해진다.

2. 성인 자아Ⓐ의 인식이 없다.

심리게임에는 심리게임을 시작하는 자와 거기에 대응하는 자가 있는데 쌍방 모두 의식 없이 한다. 〈Yes, But〉의 경우에도 환자, 의사 쌍방은 심리게임을 한다는 것을 의식하지 못한다. 심리게임에 대응하는 의사가 환자를 도와줄 수 없으면 스스로 무력하다고 느끼고, 또 걸려들었다며 Not OK로 끝나게 되는 것이다.

3. 전환(switch)과 결말(pay off)이 있다.

심리게임에 대응한 사람이 궁지에 몰리게 되면 엉겁결에 화를 내게 되는데 이때 자아상태의 전환이 일어난다. 이때까지의 성인 자아Ⓐ 대 성인 자아Ⓐ의 표면적 상보교류는 갑자기 부모 자아ⓟ 대 아이 자아ⓒ로 전환되고, 혼란한 중에 결말 〈Not OK 감정〉을 맞이한다.

4. 반복하여 행한다.

어느 정도의 심리게임을 하고 그것을 반복적으로 행하게 된다.

5. 부정적 인생태도를 확인한다.

반복적인 심리게임의 결과는 자신의 인생태도를 확인하거나 강화하게 된다. 이는 제3 인생태도를 가진 사람이 자신은 잘못이 없다는 것을 증명하기 위하여 행하는 것이라고 할 수 있다. 인생태도 중 제1 인생태도를 제외한 다른 태도를 증명하는 것이 된다.

6. 부정적 스탬프를 청산한다.

심리게임은 2명 이상이 하게 되는데 그 결말은 대개 부정적인 스탬프를 수집하게 된다. 이것은 어린 시절의 오랜 부정적 감정을 강화하고, 자신이 취한 인생태도가 잘못된 게 아니라는 것을 재확인하여 자신의 인생각본을 더욱 촉진시킨다. 스탬프 수집의 결과는 오래된 원한의 감정을 폭발시키는 구실이 되고, 심리게임의 종말로서 그것을 달성시킨다.

7. 시간의 구조화가 용이하다.

사람이 심리게임을 행하는 것은, 시간의 구조화가 용이하기 때문이다. 잡담을 계기로 심리게임에 들어가면 시간이 빨리 지나가고 시간의 구조화가 달성된다.

심리게임 흐름도

부정적 스트로크인 디스카운트(discount, 에누리)에서 시작되는 심리게임의 과정을 보자. 먼저 상대방을 디스카운트하면서 심리게임이 시작되면 그레이 스탬프의 수집(불쾌한 감정의 비축)으로 이어진다. 이후 불만이 점차 증대되면서 이자가 붙으면 방아쇠를 잡고 정조준하여 폭발(스탬의 청산 교환)하게 되고, 결국 not-OK라는 인생태도를 확인하면서 청산 과정을 끝마치게 된다(Berne, 1964).

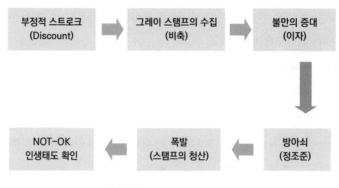

그림 65　심리게임의 흐름도

디스카운트

디스카운트는 싸움의 불씨가 되는 단계로, 할인, 가격을 깎아주는 것 혹은 경시, 과소평가의 의미이다. 교류분석에서는 억압으로 인해 감정, 인지, 행동을 무의식적으로 생략하거나 무시하는 것으로 정의된다.

예를 들면,

1. 학생: 저 이만큼 공부했어요.

   선생: 겨우 그것밖에 못했어?

2. 엄마: "네 얼굴을 보는 것조차 싫다!"

   아들: "그럼 나가서 안 들어오면 될거 아냐"

반박하는 형태의 교류는 존재 자체를 서로 부정하는 것으로 최악의 디스카운트라고 할 수 있다.

그레이 스탬프의 수집

부정적 스트로크인 디스카운트에 의한 나쁜 감정이 마음속에 축적되는 단계이다.

방아쇠(정조준)

부정적 감정스탬프가 한계치를 넘으면 결정적으로 분노할 수 있는 계기가 발생하는 단계이다. 예를 들면, 게임 중독인 아들이 게임을 하고 있는 것을 보거나, 친한 친구로부터 아들이 하위권 성적이라는 것을 들었을 경우이다.

폭발

좋고 나쁜 감정, 특히 나쁜 감정을 발산하는 단계이다. 예를 들면, 게임을 하는 아들을 혼낸다든지, 직장에 있는 남편에게 당신 닮아서 아들이 공부도 못한다고 화를 내거나 짜증을 내는 경우이다.

다음 상황을 읽고 다음 질문에 대해 토의해 보자.

> 어느 날 ○○교과목 과제를 위한 조원이 30분 늦게 왔다. 그런데, 조원은 늦었다는 인사도 없이 앉았다. 조장인 나는 30분 지각을 문제 삼는 것이 조장답지 못하다는 소리를 들을까 봐 그냥 넘어갔다.
>
> 3일 전에도 같은 조원이 또 1시간 지각했다. 이번에는 미팅도 참석하지 않았다. 심하게 화를 내고 싶었지만 다른 조원들이 보고 있어 참았다. 그러나 기분은 안 좋았다.
>
> 오늘 나는 아침에 전화로 여자친구와 심하게 다투었다. 학교에 등교한 나는 팀 과제를 위해 팀원들과 만나는 장소로 갔다. 조원들과 인사도 없이 자리에 앉았다.
>
> 늘 지각했던 그 조원이 오늘도 10분 늦게 도착했다. 그것을 본 나는 화난 얼굴로 일어나서 "김 ○○씨! 이리 와 보세요! 뭐야? 멋대로 하기야?" 하고 고함을 크게 질렀다.
>
> 그 조원뿐만이 아니라 다른 조원들 모두 '겨우 10분 지각에 저렇게 화를 내다니…'하고 놀랐다. 나는 "에이! 이게 뭐야!"라고 혼자 말하면서 자리에 앉았다.

1. 이러한 소동이 왜 일어났을까?

2. 이러한 소동을 일으키지 않으려면 어떻게 했어야 했을까?

3. 분노의 근본적인 원인은 무엇일까?

4. 심리게임 흐름도에 따라 토의해 보자.

　가. 부정적 스트로크:

　나. 그레이 스탬프의 수집:

　다. 불만의 증대:

　라. 방아쇠(정조준):

　마. 폭발(스탬프의 청산):

　바. Not-OK 인생태도 확인:

심리게임 흐름도 단계 중에서 방아쇠가 된 학생의 상황이나 감정은
주로 무엇입니까?

학생이 평상시에 자주 느끼는 감정은 무엇입니까? 해당되는 감정에 체크해 보십시오.

열등감(√), 사랑( ), 절망( ), 분노( ), 기쁨( ), 무력감( ), 적의감( ), 억울감( ), 원한( ), 염세( ), 혼란( ), 거부( ), 즐거움( ), 권태( ), 증오( ), 속상( ), 만족( ), 회의( ), 냉담( ), 혐오( ), 회피( ), 비애( ), 자책( ), 괘씸( ), 걱정( ), 성취( ), 우울( ), 짜증( ), 긴장( ), 좌절( ), 근심( ), 답답( ), 불쾌( ), 자기비하( ), 질투( ), 편안( ), 후회( ), 좌절( ), 서운함( ), 시기( ), 허무( ), 낭패( ), 우월감( ), 당황( ), 패배( ), 무시( ), 불안( ), 절망( ), 비난( ), 초조( ), 자포자기( ), 고독( ), 책임전가( ), 도피( ), 체념( )

위에서 찾은 학생의 습관화된 감정을 해당되는 인생태도 안에 넣어 보십시오.

You're OK

제2 인생태도 자책	지금 여기에 맞는 감정 제1 인생태도 (자연스러운 감정)
I'm not OK	I'm OK
허무	울화
제4 인생태도	제3 인생태도

종합정리

1. CP, NP, Ⓐ, FC, AC는 의식권 커뮤니케이션이며, Y-(You're not OK), Y+(You're OK), I+(I'm OK), I-(I'm not OK)는 무의식권 커뮤니케이션이다.

2. 라켓감정(racket feeling)은 어린 시절에 배우고 조장되었으며, 서로 다른 많은 스트레스 상황에서 경험하게 된 익숙한 감정이다.

3. 진실된 감정(authentic feeling)은 지금 여기에 맞는 자연스런 감정이다.

4. 라켓감정은 제2 인생태도에는 자기비하, 열등감, 불안, 제3 인생태도는 배타, 독선, 노여움, 제4 인생태도는 포기, 자기파괴, 절망 등이 있다.

5. 라켓티어링(racketering)은 라켓감정을 표현해서 상대방과 교류하는 것이다.

6. 라켓티어링 유형1은 아이 자아ⓒ가 라켓티어의 역할을 맡고 그의 인생태도는 'I'm not OK, You're OK'로 대화하는 것이다.

7. 라켓티어링 유형 2에서는 부모 자아ⓟ가 라켓티어의 역할을 맡고 그의 인생태도는 'I'm OK, You're not OK'로 대화하는 것이다.

8. 심리게임은 인간의 행동 중에서 예측 가능하고 정형화되어 있으며, 일반적으로 파괴적인 결말로 끝난다.

말이 입힌 상처는 칼이 입힌 상처보다 깊다.
-모로코 속담-

X

심리게임과 시간의 구조화

학습 목표

- 심리게임 공식을 설명할 수 있다.
- 심리게임 박해자, 희생자, 구원자 역할을
  설명할 수 있다.
- 시간의 구조화의 특징을 설명할 수 있다.

01

심리게임 공식과 사례연구

내면 아이(inner child)는 어린 시절 자신이 경험했던 것과 기억, 그리고 느꼈던 감정이다. 우리의 마음속에는 성장하다 말고 정지해 버린 상처받은 내면 아이가 있다. 어린 시절 경험은 자신의 인생에 큰 영향을 준다. 프로이트는 "한때 우리 자신이었던 어린아이는 일생 동안 우리 안에서 살아있다"라고 말했다. 아이였을 때 느꼈던 슬픔과 부모에게서 받지 못한 애정, 부모나 타인에게서 받은 상처는 우리가 어른이 된 뒤에도 사라지지 않고 남아 있다.

어른이 되고 건강해졌어도 마음 한구석에는 언젠가 상처받았고, 취약했고, 닫아 버리고 싶은 어느 시점이 있다. 아무렇지 않은 척해도, 겉으로는 어른이라 해도, 지금 괜찮다고 해도 보듬어주기를 기다리는 어느 한 지점이 있다.

지금이라도 들어주고, 만져 주고, 안아 주고, 다독여 주고, 품어 주면 그 아이는 그제야 성장하기 시작한다. 정지하고 경직되는 것이 아니라 움직이고 성장하기 시작하는 것이다.

변의 심리게임

심리게임은 겉으로는 합리적인 대화로서 대화의 내용이 성인 자아Ⓐ 대 성인 자아Ⓐ의 교류처럼 보이나 그 이면에 다른 속셈이 깔려있는 교류로서, 한 사람 또는 두 사람 모두에게 불쾌한 라켓감정(racket feeling)을 유발하는 역기능적인 대화를 말한다. 심리게임은 자신도·모르게 진행되며, 반복적으로 일어나고, 항상 놀라움이나 혼돈의 순간을 포함하게 된다. 그러므로 심리게임으로부터 벗어나지 않는 한 변화나 자율성을 기대할 수 없게 된다.

다음의 대화에서 살펴보자.

오늘도 박 대리는 팀장에게 질책을 받는다.

팀장: 이게 뭐야! 보고서를 쓰려면 제대로 써야지!
박 대리: 죄송합니다. 열심히 하느라고 했는데….
팀장: 열심히 한 게 이정도야?
박 대리: ….

박 대리가 스트레스를 풀기 위해 술을 마시고 있는데 아내에게 전화가 온다.

아내: 나야! 사무실이야?
남편: 응. 사무실.
아내: 언제 와?
남편: 지금 바빠. 나중에 전화할게.
아내: 왜 항상 바빠? 그리고 바쁘면 바쁘다고 미리 전화주면 안 돼?
남편: 미안해. 미안해서 못했어.
아내: 그게 말이 돼? 미안하면 전화를 줘야지!
　　　당신 사무실 아니지? 또 술 먹고 있지? 그치?
남편: 안 먹어. 일하고 있다니까?
아내: 먹었네. 먹고 있구만.
남편: 아, 그래, 미안해. 바로 들어갈게.

아내: 들어오긴 뭘 들어와! 술하고 살아!

남편: 그래! 안 들어간다. 안 들어가!

아내: …제가 잘못했어요. 미안해요. 조심해서 들어오세요.

우연히 대화를 듣고 있던 시어머니가 화난 표정으로 한마디 한다.

시어머니: 얘야. 말버릇이 그게 뭐냐? 들어오지 말라니! 그게 남편한테 할 소리냐?

며느리: 어머니. 이게 한두 번이에요? 허구한 날 매일 술이잖아요.
　　　　애들 보기에도 창피해 죽겠어요.

시어머니: 회사 생활이 힘드니까 그렇지! 그것도 이해 못하니?

며느리: 어머니 그게 말이 되는 소리예요? 술 먹으면 힘든 게 좋아지나요?
　　　　저도 힘들어요. 저도 술 먹을까요?

시어머니: 며느리가 시어머니한테 그게 할 소리냐?

이러한 상황에도 아들은 컴퓨터 게임을 하느라 정신이 없다.

엄마: 너, 들어가서 공부 안 해? 너 이번에 성적 못 올리면 죽는 줄 알아!

아들: 네….

시어머니: 아니 넌 화풀이를 아들한테 하니?

아들:….

얼마 후에 남편이 술이 잔뜩 취한 채 들어온다.

아내: 잘한다. 잘해! 술하고 살지 왜 들어와?

남편: 미안해!

시어머니: 얘야 이젠 그만해라. 하루 종일 고생했지 않니?
　　　　　우리 아들 고생했구나. 어서 씻고 자거라.

아들: 아빠! 또 술이야?

남편: 넌 아빠한테 인사부터 해야지! 말버릇이 그게 뭐야? 방에 들어가 공부해!

아들:….

　　위의 대화는 다소 과장되었을지라도 충분히 일어날 수 있는 사례이다. 대화의 패턴을 볼 때 반복적으로 일어날 가능성이 있다. 등장인물 중에 힘의 중심이 누구에게 있는지 직감할 수 있다. 또한, 상황에 따라 힘의 무게 중심이 이동되는 것을 알 수 있다. 대화 속에 흐르는 감정이 제1 인생태도의 사람들이 자주 느끼는 진실한 감정이 아니라, 상황에 맞지 않는 왜곡이나 부정적인 감정들로 가득한 것을 알 수 있다. 결말도 부정적으로 끝을 맺는다. 이러한 대화는 어릴 때 경험한 부정적이고 왜곡된 감정들이 재현되거나 영향을 준 것일 수도 있다. 대화 사례 속에 등장하는 인물들의 배경을 추측해 보자.

남편이자 박 대리는 어린 시절에 가부장적이고 엄한 아버지의 영향을 많이 받았다. 아버지에게 제대로 말하지도 못하고 순종만 한다. 어쩌다 말을 해도 제대로 말을 못 한다고 혼이 난다. 점점 아버지에게 말하기도 어렵고 불편해서 피하게 된다. 어느 순간부터는 말을 하는 것보다 듣는 것이 더 편하다. 점점 상황에 맞는 감정을 표현하는 데 익숙하지 않다. 갈등상황을 외면하거나 피하는 것이 편하고 대화의 방법으로 삼게 된다.

아내이자 며느리는 친정아버지에게 풍부한 사랑을 받으면서 자랐다. 함께 하지 못하는 친정아버지의 사랑을 남편으로부터 받고 싶지만, 상황은 그렇지 못하다. 오히려 남편은 억압된 감정을 풀어주고 이해해 주기를 원한다.

시어머니는 가부장적인 남편에게 억눌려 속마음을 표현하지 못하고 순종하면서 살아왔다. 응어리가 된 분노와 슬픔을 함께할 사람은 아들이고, 아들이 원하는 것을 해주는 것이 유일한 행복이다.

박 대리의 아들은 어른들의 대화에 익숙하여 어떻게 처신해야 한다는 것을 자연스럽게 터득한다. 어른들 대화에 끼어들지 않고 있는 듯 없는 듯 혼자 있는 것이다. 그러나 가끔은 아빠의 사랑을 받고 싶다. 하지만 상황을 잘못 파악하여 혼나거나 거절당한다. 이 아들은 자신이 만든 또 다른 무의식의 세상으로 들어간다. 나중에 성인이 되면 사랑을 표현하지 못하거나 사랑을 거절한다. 점점 상황에 맞는 감정을 표현하는 데 익숙하지 않게 된다. 아빠의 현재 모습은 이 아들이 성인이 되었을 때 모습이며, 아들은 아빠의 어린 시절의 모습이다.

번의 심리게임 특징

교류분석의 심리게임은 다음과 같은 특징이 있다.

첫째, 심리게임은 서로 원하는 대화가 아닌 부정적인 교차교류이지만 초기에는 확실하게 예측 가능한 결과를 향해서 진행하는 일련의 상보적이고 이면적인 교류이다. 심리게임은 이면성, 결말이라는 두 가지 특징에서 단순한 사회적인 대화나 잡담과는 구별된다.

대화 사례에서 팀장과 박 대리의 대화는 겉으로 볼 때는 정상적인 대화로 보인다. 그러나 이면교류는 다르다. "이게 뭐야! 보고서를 쓰려면 제대로 써야지!"라는 말에는 '차라리 신입사원이 써도 이보다는 낫겠다'라는 이면교류가 흐를지도 모른다. 또한, 박 대리의 "죄송합니다. 열심히 하느라고 했는데…."라는 말 속에는 '팀장님이나 잘하시지. 매일 이사님한테 깨지면서'라는 이면교류가 흐를 수도 있다.

둘째, 심리게임은 표면상으로는 그럴듯한 대화일지라도 이면에서는 왜곡된 형태로 자신이 사랑받고자 하는 욕구를 충족시키려고 한다. 또한, 심리게임을 통해 어린 시절에 형성된 인생태도를 반복하거나 확인하고 싶은 욕구도 있다. 이처럼 숨겨진 동기는 결말을 관찰할 때 비로소 뚜렷해진다.

대화 사례 중에 남편과 아내의 대화를 보자. 남편의 "지금 바빠. 나중에 전화할게"라는 말 속에는 직장 생활을 힘들게 하고 있으니 이해를 해주면 좋겠다는 인정의 욕구가 깔려있다. 마찬가지로 아내의 "들어오긴 뭘 들어와! 술하고 살아!"라는 말 속에도 시어머니를 모시고 아들을 돌보고 집안일 하느라고 힘들다는 것을 알아줬으면 하는 메시지를 보내는 것이다. 서로의 관점에서 이해와 인정을 원하는 것이다.

셋째, 심리게임은 클라이맥스가 있다. 심리게임은 일정의 코스를 거칠 때까지 진행된다. 심리게임을 하고 있으면 순식간에 시간이 흐르며 상황을 조작한다든지 상대방을 이용하는 복잡한 형태로 구조화된다. 박해자가 희생자가 되고, 희생자가 박해자가 되는 등 대화의 주도권이 바뀌기도 한다. 예를 들면 대화 사례 중에 남편과 아내의 대화에서 남편의 "아, 그래. 미안해. 바로 들어갈게."는 희생자, 아내의 "들어오긴 뭘 들어와! 술하고 살아!"는 박해자, 남편의 "그래! 안 들어간다. 안 들어가!"는 박해자, 아내의 "제가 잘못했어요. 미안해요. 조심해서 들어오세요."는 희생자로, 남편과 아내의 역할이 바뀌는 것을 볼 수 있다.

넷째, 감정적인 면에서 보면 심리게임은 언제나 불쾌감을 주며 나쁜 감정으로 끝난다. 교류분석에서는 결말 감정이라고 한다. 심리게임은 대부분 상대방을 디스카운트하는 데서부터 시작되며 이후 상대방의 부정적인 감정(예: 분노)을 더욱 도발해서 클라이맥스에 도달한다.

대화 사례 중 시어머니와 며느리의 대화에서도 보면 며느리의 "어머니 그게 말이 되는 소리예요? 술 먹으면 힘든 게 좋아지나요? 저도 힘들어요. 저도 술 먹을까요?"라든지 시어머니의 "며느리가 시어머니한테 그게 할 소리냐?"와 같은 대화이다.

번의 심리게임 공식

심리게임은 겉으로는 이성적인 대화로서 대화의 내용이 성인 자아Ⓐ와 성인 자아Ⓐ의 교류처럼 보이지만, 그 이면은 다른 속셈이 깔려있는 교류로서 한 사람 또는 두 사람 모두에게 불쾌한 라켓감정(racket feeling)을 유발하는 역기능적인 대화를 말한다.

번 박사의 심리게임 공식은 이렇다. 먼저 게임 플레이어는 숨겨진 동기(Con)를 가지고 게임 연출의 상대를 찾게 되면 계략(tricks)을 쓴다. 이 계략 같은 유인 장치에 약점을 가진 상대(Gimmick)가 걸려든다. 이때부터 게임은 시작되고, 일련의 표면 교류로서 반응(Response)이 나타나게 된다. 심리게임은 서서히 확대되어 대화 과정에서 교차교류 형태의 전환(Switch)이 발생한다. 양자 간의 혼란(Crossed-Up)이 극대화되다가 결국 뜻밖의 결말(Pay-Off)로 게임은 최후의 막을 내리게 된다.

$$C + G = R \rightarrow S \rightarrow X \rightarrow P \cdot O$$

Formula "G"	말을 거는 사람(Con)	걸려드는 사람(Gimmick)
심리게임이란 명료하고 예상 가능한 결과를 향해 진행되는 일련의 이면교류로, 자아상태의 전환과 함께 결말을 맞이한다. 일반적으로 말해 뒤끝이 좋지 않고, 반복하여 행해진다.	• 숨겨진 동기가 있다. • 대응할 듯한 사람을 구해 잘 붙잡는다.	• 성인 자아Ⓐ의 인식이 없다. • 예를 들면 '도와주고 싶다'와 같은 숨겨진 동기를 갖고 있다.

반응(Response)	전환(Switch)	혼란(Cross Up)	결말(Pay off)
• 두 사람 또는 세 사람이 상보교류를 하지만 이면에 숨겨진 교류가 있다.	• 말을 거는 사람의 자아상태가 갑자기 변한다. • 교차교류가 되며 대화가 단절된다. • 박해자, 희생자의 역할이 바뀐다.	교차교류가 들어와 갑자기 다른 자아상태로 변해 상황의 분별을 할 수 없게 된다.	• 혼란 뒤에 맛보는 나쁜 감정의 스탬프를 수집한다. • Not OK가 된다.

그림 66 번의 게임공식(Formula "G")

말을 거는 사람(Con)

이것은 당사자도 의식하지 못하면서 행하는 도발 행위이며 다음 단계로 유도하는 작용을 한다. 대부분은 표면 교류와는 반대로 이면의 동기가 내포되어 있다.

대화 사례 중 아내가 '언제 와?'라고 말한 말의 이면에는 '늦으면 늦는다고 전화도 못 해?'라든가 '거짓말만 해봐!'라는 동기가 내포되어 있다.

걸려드는 사람(Gimmick)

이것은 심리게임 교류의 대상이며 대표적 특징은 다음과 같다.

• 엄격하고 비판적인 부모 자아Ⓟ가 지나치게 우세한 사람
• 동정적이고 보호적인 부모 자아 Ⓟ가 우세한 사람
• 잘 토라진다든지 애정 결핍의 아이 자아Ⓒ를 가진 사람
• 게으르다거나 둔하다든지 무언가 약점이 있어 놀리기 쉬운 사람

대화 사례 중 남편의 "미안해. 미안해서 못했어"라든가 "안 먹어. 일하고 있다

니까!"등의 표현이다. 어릴 때 아버지로부터 사랑을 받지 못한 애정 결핍의 아이 자아ⓒ가 재현된 것이다.

반응(Response)

말을 거는 사람(Con)과 걸려든 사람(Gimmick) 간의 교류가 시작되면 다음 변화가 나타나기까지의 진행단계이다. 예를 들면 학교에서 선생님이 태도가 불량한 학생에게 야단치려고 할 때 그 학생도 일단 순종하는 행동을 보이는 단계이다. 그러나 부정적인 감정이 서서히 활동을 시작하며 다음 단계를 위해 계략을 꾸미게 된다.

대화 사례 중에 남편과 아내가 주고받는 여러 대화가 그것이다.

전환(Switch)

상보 교류에서 급격한 변화가 생기는 단계이다. 예를 들면 학생을 지도하던 선생님이 반복되는 위반행위에 대해 뉘우치지 않는 태도에 더 참지 못하고 폭발하는 것이다. 〈드라마 삼각형 심리게임〉에서 말하는 구원자가 박해자로, 박해자가 희생자로 역할의 교대가 되는 단계이다. 숨은 감정이 주도권을 장악하는 과정이라고 할 수 있다.

대화 사례 중 남편과 아내의 대화를 보면 박해자는 아내이고 희생자는 남편으로 보인다. 그러나 희생자인 남편은 "그래 안 들어간다. 안 들어가!"라고 감정을 폭발하면서 박해자가 된다. 박해자였던 아내는 "제가 잘못했어요. 미안해요. 조심해서 들어오세요"라고 순응하는 희생자가 된다. 시어머니는 아들과 며느리 사이에서 잘 조정하려고 구원자로 나선다. 하지만 제대로 구원을 못하면 아들과 며느리 관계를 더 악화시키거나, 어머니로서 아들에게도 시어머니로서 며느리에게도 좋은 소리를 못 듣는 구원자(일명 사이비 구원자)가 될 수 있다.

혼란(Cross Up)

전환에 이어 문제가 상승하는 단계이다. 상호 간에 감정은 매우 흥분하고 대립과 갈등이 절정에 이른다. 부부싸움의 경우라면 "당신이 그랬잖아요.", "내가 언제 그랬어?"라든가, 학생을 지도하는 경우라면 "선생님. 왜 혼을 내는 거죠?", "아니,

선생님한테 큰소리쳐?"라는 공방전이 전개된다.

대화 사례 중 시어머니와 며느리의 반복되는 대화에서 찾을 수 있다.

결말(Pay off)

게임 교류의 최종 결과이다.

대화 사례에서 보면 부부는 각자 다른 방에 들어가서 나오지 않거나 며칠 동안 대화를 하지 않는다. 아버지로부터 꾸중을 들은 아들은 소심해지거나 가출한다. 연인 사이라면 헤어질 수도 있다. 이제까지의 긴장된 교류는 일단락되지만 상호 간의 불쾌한 감정을 맛보면서 상대방의 어떤 점이든 나쁘다고 강조하는 것이 특징이다.

삶의 재결단: 심리게임 탈출

심리게임에서 탈출은 삶의 재결단(redecision)으로 이어진다. 심리게임을 탈출하기 위해서는 다음과 같은 것이 필요하다.

첫째, 타인의 심리게임에 말려들고 있다고 느껴지면 피해야 한다. 많은 심리게임은 상대방을 디스카운트하는 것부터 시작된다. 디스카운트는 상대방이 자신의 인격을 무시하거나 고민을 대수롭지 않게 여기는 행동 등이다. 이러한 행동에 대해 '상대방이 그렇게 행동한 이유가 있겠지'라는 자세로 대처해야 한다.

사례 대화에서 보면, 아내의 "그게 말이 돼? 미안하면 전화를 줘야지! 당신 사무실 아니지? 또 술 먹고 있지? 그치?"라는 말보다는 "힘들지? 나랑 술 한잔할까? 기다릴게"라는 말을 하는 것이다. 남편도 "미안해. 미안해서 못했어"라는 것보다는 "한잔하고 있는데 자기랑 한잔하고 싶어. 지금 들어갈게!"라고 말하는 것이다.

둘째, 일상생활에서 때때로 체험하는 주요한 감정, 예를 들면 초조함, 후회, 분노, 자책감 등에 초점을 맞춰서 그것과 행동과의 관계를 객관적으로(ⓐ를 가지고) 관찰하는 것이다. 대화 사례에서 보면, 아내의 "어머니 그게 말이 되는 소리예요? 술 먹으면 힘든 게 좋아지나요? 저도 힘들어요. 저도 술 먹을까요?"라고 말한 그때의 감정은 분노에 가까운 것이다. 왜 이런 대화를 하게 되었는지를 객관적으로 파악하고 가족들에게도 진실한 감정을 표현하는 것이다. 예를 들면, 어머니에게 "어머니! 저 이런 상황을 경험해 보지 않아 버겁고 힘들어요. 어머님께서 도와주시면 제가 잘 견딜 수 있을 것 같아요."

셋째, 드라마 삼각형의 세 가지 역할(박해자, 희생자, 구원자)의 어느 것도 연출하지 않도록 한다. 결말을 생각해서 그것을 철저하게 회피하는 수단을 구체적으로 마련하도록 한다. 그렇기 위해서는 제1 인생태도인 I'm OK, You're OK의 진실한 감정을 가지려고 노력하는 것이 중요하다.

넷째, 기존의 교류 시스템을 바꾸어 본다. 심리게임은 항상 비생산적인 교류 형태를 계속하므로 연출된다. 부모 자아ⓟ·성인 자아Ⓐ·아이 자아ⓒ를 사용해서 자신 행동의 발신원을 확인하고 바꾼다. 대부분 말하는 것보다는 경청하는 태도로 바꾸면 게임은 중단된다.

심리게임은 어린 시절 주위 환경과 반응하면서 결정한 인생태도를 유지하려는 심리가 작동한 것이다. 건강하지 못한 심리게임은 마치 양치질 후에도 음식 찌꺼기가 입속에 있는 것처럼 불편한 마음을 갖게 한다. 누군가와 대화를 한 뒤에 마음이 불편하고 찜찜한 감정이 남아 있다면 그건 건강하지 못한 심리게임을 한 것이다. 이때 상대방을 탓하거나 비난하기 전에 얼마나 겉과 속이 같은 진실한 대화를 하였는지를 스스로 성찰해야 한다. 진실한 감정을 가진 대화만이 우리를 편안함과 안전함 그리고 친밀감을 느끼게 해줄 수 있다.

학생은 심리게임에 걸린 적이 있습니까? 어떤 계기였습니까?
그때의 기분은 어떠했습니까?

학생은 심리게임을 건 적이 있습니까? 어떤 계기였습니까?
그때의 기분은 어떠했습니까?

02

드라마 삼각형
심리게임

학습 열기

　　열광적인 인기를 끌었던 넷플릭스 <더 글로리>는 학교 폭력과 복수를 담고 있다. 2023년 12월 넷플릭스가 발표한 상반기 시청 현황 보고서 「우리는 무엇을 봤는가(What We Watched)」에 따르면, <더 글로리>는 총 6억2280만 시간 시청되었으며 글로벌 3위에 올랐다. 가해자가 처벌받고 피해자가 회복하는 경우가 드물다는 방증이다. 피해자인 주인공 문동은은 끔찍한 괴롭힘과 가혹한 폭력에 시달린다. 가해자 박연진은 부모의 재력과 권력 덕분에 제재받지 않는다. 문동은은 복수하는 데 자신의 인생 모두를 희생한다. 우연은 단 한 줄도 없이 치밀한 계획 속에 복수에 성공한다. 가해자 박연진은 동정이나 공감의 여지 없는 '순수한 악인'으로 그려진다.

　　그러나 현실에서의 피해자는 가해자에게 복수를 하기보다는 자기혐오에 시달리며, 중독·자해·자살 등 자기파괴적 행동을 보일 가능성이 높다. 또한 현실에서의 가해자가 순수한 악인으로 태어나는 경우는 드물다. 학대나 폭력의 가해자는 어린 시절 피해자인 경우가 많다. 어쩌면 <더 글로리>는 괴롭힘과 학대가 남긴 트라우마가 일생에 걸쳐 지속된다는 것을 우회적으로 표현하는지도 모른다.

- 경향신문, 2023년 4월 8일자 <괴롭힘이 남긴 상처, '두개골' 안에 있었다>
기사 내용을 저자가 정리함 -

드라마 삼각형 심리게임

카프만(Karpman, 1968)은 심리게임과 연극(drama)은 여러 가지 면에서 유사한 점이 있다는 것을 주목하고 심리게임을 이해하는 근거로 삼았다. 무대에서 배우의 교체가 있는 것처럼 심리게임에서도 연출자 간에 극적인 역할교대가 일어난다는 것이다. 카프만은 이를 역삼각형으로 도식화하여 '드라마 삼각형(Drama triangle: Karpman's Triangle)'이라고 불렀다. 드라마 삼각형 심리게임은 박해자(Persecutor), 희생자(Victim), 구원자(Procurer)의 세 가지 역할로 구성된다.

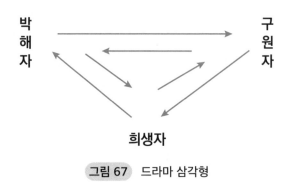

그림 67 드라마 삼각형

박해자

인간관계 중에서 주도권을 가진 사람으로 지배적인 힘을 발휘하고 상대방의 행동을 억압하는 등의 행동을 지시한다. 때로는 희생자를 괴롭히며 벌을 준다. 주로 비판적인 부모 자아(CP)가 연기하는 역할이다.

희생자

대립하는 인간관계에 있어서 이용당하거나 인내를 강요 당하는 역할을 연기한다. 주로 순응한 아이 자아(AC)가 연기하는 역할이다.

구원자

희생자를 돕는다든지 박해자를 지지하는 사람으로, 상대방을 자신에게 의존하게 하려는 보호적인 역할을 연기한다. 주로 자애로운 부모 자아(NP)가 연기하는 역할이다.

드라마 삼각형 심리게임은 심리게임 공식과 함께 심리게임을 이해하는 데 많은 도움이 된다. 자신과 타인이 지금 여기서 무엇을 하고 있는가, 즉 희생자, 박해자, 구원자 중 어느 역할을 하고 있는가를 인식함으로써 심리게임에서 탈출할 수 있게 된다.

가정 드라마 심리게임

아빠가 귀가할 때쯤 아들은 공부를 안하고 인터넷 게임에 빠져있다. 이것은 '나는 나쁜 아이다. 나를 야단쳐 주세요'라는 신호를 보내는 것과 같다. 심리게임을 거는 것이며 희생자의 역할을 하려는 것이다.

아빠가 "철이 있니!"하고 방문을 여는데 인터넷 게임을 하는 아들을 보는 순간 "철이야! 뭐하고 있는 거냐! 아빠한테 인사도 안하고 게임만 하니?"라고 말한 것은 심리게임에 말려든 것이다. 박해자로서 비판적인 부모 자아(CP)와 희생자로서 순응한 아이 자아(AC)가 교류하는 것이다.

아들에게 화를 내는 아빠를 보다 못한 엄마가 "당신이 그렇게 말할 자격이 있어요? 아들이랑 놀아주지도 않으면서!"라고 아들을 구원하기 위해 남편에게 화를 낸다. 즉, 엄마는 구원자 역할을 하는 것이다.

이 교류가 격렬해지면 이번에는 아들이 아빠를 구하기 위해 엄마에게 "그러지 마세요. 엄마! 내가 잘못했어요. 엄마도 아빠한테 그렇게 말하면 안되는 거 아니에요? 엄마도 나랑 놀아주지 않았잖아요?"라고 말한다. 즉, 아들은 박해자 역할을 하게 되는 것이다.

이와 같이 심리게임은 두 번, 세 번 역할교대(자아상태의 변화)가 이루어지는 가정연극이 진행되는 것이다.

박해자 게임

박해자 게임은 자신을 속인 상대방에 대해 그가 저지른 사소한 잘못, 실언, 착오 등을 이용해서 그때까지 축적했던 분노가 폭발하는 것이다.

두 사람의 교류는 표면상으로 성인 자아Ⓐ와 성인 자아Ⓐ의 교류이지만 이면교류는 비판적인 부모 자아(CP)와 순응한 아이 자아(AC)의 교류이다. 이 심리게임은 대개 비판적인 부모 자아(CP)가 연출하고 '당신은 OK가 아니다'라는 태도를 확인하려는 것이다.

박해자 게임을 하는 사람은 어린 시절 부모 또는 부모를 대신하는 사람들로부터 오랫동안 부당한 대우를 받아서 쌓인 부정적 감정을 발산하려는 것이다. 심리게임의 형태는 동일한 상황에서 부모가 자신에게 한 것과 같으며 마음속에서는 쾌감을 느낄 정도로 즐거워하면서 정력적으로 상대방을 몰아붙인다.

이 심리게임을 하는 사람은 눈을 크게 부릅뜨고 상대방의 잘못이나 모순을 찾아내려고 한다. 성인 자아Ⓐ 상태나 비판적인 부모 자아(CP) 상태가 효과적이다. 만약 상대방이 순응한 아이 자아(AC)상태가 되면, 이 게임은 더욱 고조될 수 있다. 따라서 침착하고 바른 행동으로 대하는 것이 중요하다.

희생자 게임

희생자 게임은 직장에서 지각을 한다든지 자신도 모르게 실수를 자주 하게 되어 상대방을 화나게 하는 게임이다. '역시 나는 별 수 없어(Not OK)!'라는 자기부정 태도를 확인하게 된다.

예를 들면,

팀원: "새벽까지 축구보느라 제대로 잠을 못자서 지각하였습니다."

　　(이면교류: 나는 못난 사람입니다. 혼내 주세요.)

〈나를 꾸짖어 주세요〉의 게임에서는 말을 걸어오는 사람(이 경우는 희생자의 역할)이 무엇인가를 해서 상대방(박해자)을 화나게 해 자신을 몰아붙이게 만든다. 이 게임을 하는 사람은 자신을 괴롭히는 사람을 게임에 끌어들이는 경향이 있다.

팀장: "그랬군요. 알았어요."

　　(이면교류: 그래? 이게 몇 번째야. 이번에는 그냥 안둘거야.)

대화의 진전에 따라 팀장은 분노를 축적하게 된다.

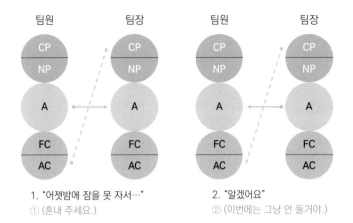

1. "어젯밤에 잠을 못 자서…"
① (혼내 주세요.)

2. "알겠어요"
② (이번에는 그냥 안 둘거야.)

그림 68 희생자 게임(나를 꾸짖어 주세요) **공식**

다음의 대화도 희생자 심리게임의 일종이다.

어머니: 얘야, 책가방 가지고 오너라. 엄마가 숙제하는 거 도와줄게.

아이: 네, 알았어요.

어머니: 피자 사 왔으니까 끝내고 같이 먹자.

아이: 야! 신난다. 빨리 하고 피자 먹어야지.

(아이가 책상 앞에 앉아 숙제를 시작하고 엄마도 곁에 앉아서 들여다본다.)

어머니: 답을 그렇게 막 쓰면 어떻게 하니?

아이: 막 쓰는거 아네요.

어머니: 연필을 그렇게 잡으면 어떻게 해? 똑바로 잡아.

아이: 알았어요.

어머니: 또 틀렸잖아! 학교에서 무얼 배웠어? 멍청하게!

아이: 엄마 때문에 더 안되잖아.

어머니: 뭐라고? 엄마 핑계는 왜 대? 이 돌대가리야!

아이: ….

어머니: 너 같은 애는 피자 먹을 자격도 없어.

　　　　공부도 못하는 게 먹는 것은 되게 밝혀. 네 숙제 네가 알아서 해.

(문을 닫고 나간다.)

아이: 내가 무얼 잘못했다는 거야? 맨날 야단만 치구. 이게 뭐야(아이는 슬피 운다).

구원자 게임

구원자 게임은 이것도 해 주고 저것도 무엇이든 다 해 주는 것에서 시작된다. 즉, 자애로운 부모 자아(NP)는 일반적으로 자유로운 아이 자아(FC)와 대응하므로 상대는 편하지만 결과적으로는 '응석의 구조'가 만들어진다. 늦잠을 자서 학교나 회사에 지각하게 되면 "왜 깨우지 않았어?"라는 딸의 비판적인 부모 자아(CP)에 엄마는 위축되어 순응한 아이 자아(AC) 상태에서 "한 번 깨웠었는데…"라고 말하게 되고 딸은 "왜 내가 일어날 때까지 깨우지 않았어요!"라고 비판적인 부모 자아(CP)로 다그치게 된다.

'제 시간에 일어나야 하는 것'은 딸의 책임인데 그것을 엄마에게 전가해서 '깨워주는 것'이 당연하게 된 것은 엄마의 자애로운 부모 자아(NP)가 지나치게 우세(과보호)한 데서 생긴 것이다.

자애로운 부모 자아(NP)가 우세하여 무엇이든 해주는 행동은 상대방의 주체성이나 자율성을 저해하고 독립심을 체득할 수 없게 한다. 우세한 자애로운 부모 자아(NP)는 결과적으로 '내가 없으면 아무것도 할 수 없지'라는 구원자 역할을 하게 된다. 결국 구원자는 자신의 존재를 모두에게 인식시키는 데 목적이 있다. 따라서 침착하고 바른 행동으로 대하는 것이 중요하다.

나는 바보야 게임

아들의 "아빠, 난 바보야!"라는 말에서부터 시작된다. 대화의 시작은 성인 자아Ⓐ와 성인 자아Ⓐ 간의 상보교류이지만 이면에는 서로 숨겨진 의도가 있는 이면교류가 계속된다. 아버지는 '아무리 도우려고 해도, 잘 안돼요'라고 하는 숨겨진 의도를 인식 못하고 있다. 아들은 말을 거는 사람(Con)이 되고, 아버지는 대응하는 사람, 즉 걸려드는 사람(Gimmick)이 된다.

대화의 마무리에 와서야 아버지는 '또 당했다'라고 후회하고 not OK감정을 모으게 된다. 아들은 '나는 안돼'라는 not OK의 인생태도를 확인하게 되어 자신의 각본은 강화된다.

아들: 아빠, 난 바보야!

아버지: 넌 바보가 아니야.

아들: 아냐, 난 바보야.

아버지: 넌 바보가 아니야. 선생님은 네가 머리가 좋은 애라고 하셨단 말야.

아들: 선생님이 그렇게 생각하고 있다는 걸 아빠가 어떻게 알아?

아버지: 선생님이 그렇게 말했는 걸.

아들: 그런데 선생님은 어째서 맨날 멍텅구리라고 불러요?

아버지: 그건 널 놀리는 거야.

아들: 나는 바보야. 그래서 공부도 못하잖아요.

아버지: 조금 더 열심히 하면 잘하게 돼.

아들: 열심히 해도 안되는 걸. 머리가 나빠서 그래요.

아버지: 네 머리는 나쁘지 않아.

아들: 아빠가 뭐라고 해도 난 바보란 말이야.

아버지: (큰소리로) 넌 바보가 아냐!

아들: 아냐, 난 바보야.

아버지: 넌 바보가 아냐. 이 바보 새끼야!

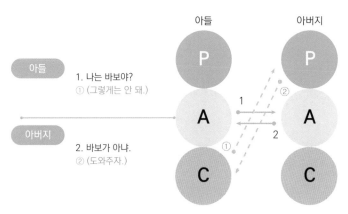

- 1, 2는 사회적 수준에서의 표면적 메시지.
- ①, ②는 심리적 수준에서의 숨겨진 메시지.

그림 69 '나는 바보야' 심리게임 공식

드라마 삼각형 심리게임의 박해자, 희생자, 구원자 중에 어느 역할을 하게 되는지 사례를 들어 설명해 보십시오. 또한 각 역할을 탈출하기 위해 어떤 노력을 하고 있습니까? 그 결과는 어떠했습니까?

03

시간의 구조화

우리의 시간은 현재에 고정되지 않고 미래와 과거만을 향해 튀는 공과도 같다. 현재에 머문다고 생각하지만, 우리는 저 멀리 떨어진 채 현재라는 시간의 사진을 찍고 있다. 그리하여 우리는 인생이라는 긴 시간 중 일부만을 살아가는 데 그치고 만다. 대부분의 많은 시간은 미래와 과거 속에 묻혀 그냥 흘러가고 버려진다.

"낙관론자들은 내일이 낙원이다. 비관론자들은 어제가 낙원이었다"라는 격언이 있다. 이 말에 동의하고 싶지 않다. 지혜로운 이에게 낙원은 바로 오늘이다. 어떠한 일도 과거 속에서 일어날 수 없고, 미래 속에서도 일어날 수 없다. 현재만이 우리가 가진 유일한 시간이다. 나의 온 인생이 집약된 바로 이 순간만이 실존하는 시간이다. "어제의 일로 오늘을 소모해서는 안된다"는 체로키 인디언들의 격언은 어제 일을 오늘로 미루지 말라는 것이 아니라, 어제의 일로 오늘 고통을 받아서는 안된다는 말이다. 오늘이 나의 역사에 있어 최고의 날이다. 오늘을 나의 최고의 날로 만들면 내일 역시 최고의 날이 될 수 있다.

- 브런치북 아포리즘의 <나를 다시 찾는 힘> 중 -

시간의 구조화와 분류

우리는 가끔 오늘도 그럭저럭 지났구나! 내일도 또 같은 일이 반복될 테지! 도 대체 무엇 때문에 사는 것일까! 등을 생각한다. 이 생각은 자신의 시간을 구조화하는 것과 관계있다. 내일은 몇 시에 어디에 가서 누구와 만나 무엇을 하고, 그 결과 무엇을 얻을지를 미리 알고 있다면 내일을 걱정하지 않을 것이다. 시간이 구조화 되지 않았을 때 가져오는 기아는 때때로 마음의 병까지 몰아넣는다.

교류분석 이론 관점에서 보면 인간은 자아상태의 균형을 위해 또는 스트로크 욕구를 충족하기 위해 하루 24시간을 구조화한다. 자신이 원하는 스트로크를 얻기 위해 다양한 방법으로 상대방이나 시간 활용, 더 나아가 환경을 바꾼다.

번 박사가 제시한 시간의 구조화(time structuring)는 스트로크의 교환을 배경으로 하고 있다. 번 박사는 ① 폐쇄(틀어박힘) ② 의례(의식) ③ 잡담(기분전환) ④ 활동 (일) ⑤ 심리게임 ⑥ 친밀(친교)의 여섯 가지로 분류하였다. 시간의 구조화는 사람과 사람과의 교류 내용, 즉 스트로크 정도에 따라 다르다.

폐쇄

폐쇄(틀어박힘, withdrawal)는 아이 자아ⓒ에 의해 행해지며 심리적 위험을 피하기 위해 타인과 심리적으로 신체적으로 교류를 차단하고 대부분의 시간을 백일몽 이나 공상 속에서 보내는 시간의 구조화이다.

때때로 사람은 스트로크를 교환하는 가운데 지쳐서 고독한 셀프 스트로크 (self-stroke) 시간을 갖게 된다. 대체로 어린 시절 어머니에게 스트로크 경험이 부 족하였거나, 안정된 애착관계를 맺지 못한 것과 관련 된다. 가족에게서 떨어져 혼자 방에 틀어박혀 명상하거나, 도시를 벗어나 혼자 산에 오르거나, 조용한 공원의 벤치에 앉아 있거나, 혼잡한 전철역의 한쪽 구석에서 잠시 피곤을 푸는 경우에 해당된다.

의례

의례(의식, rituals)는 부모 자아Ⓟ, 특히 비판적인 부모 자아(CP)의 명령에 순응한 아이 자아(AC)가 반응하는 방식이다.

사람은 의식절차에 따르면 마음의 안정을 얻는다. "안녕하세요?"와 "고맙습니다"라는 일상의 인사(예의) 교환처럼, 관행적, 형식적인 상보교류와 같은 스트로크 교환부터 입사식, 개강식 등의 정례적인 의식 시행과 참여 등은 모두 시간의 구조화가 쉽고, 진행의 상태나 결과와 결말도 예상되기 때문이다.

만약 어떤 사람이 "안녕하세요?", "요즈음 어떻습니까?"라는 인사는 대부분 상대방의 건강상태와 감정에 대해 실제로 인사하는 것이 아니다. "나는 건강합니다", "당신은 어떻습니까?"라는 의례적인 반응을 기대하는 것이다.

이와 같이 짧은 시간에 서로 현재의 원만한 인간관계를 위하여 스트로크를 교환하는 것이다.

잡담

잡담(기분전환, passtimes)은 형식을 취하지 않고 아이 자아Ⓒ를 사용한 가벼운 상보교류이다. 특별한 목적 없이 이런저런 이야기를 하는 가운데 서로 부담 없는 긍정적 스트로크를 교환하고 즐거워하는 것이다.

잡담은 무난한 주제에 대하여 서로 이야기를 교환하면서 시간을 보내는 것으로, 서로 잘 알지 못하는 사람들 사이에서 자주 사용된다. 예를 들면 일을 시작하기 전에 자동차, 스포츠, 혹은 주식 등에 대해 서로 이야기하는 경우이다. 우리들의 생활 속에서 상당 시간을 차지한다.

활동

활동(일, activity)은 지금 여기에서 행하는 일을 통해 긍·부정적인 스트로크를 주고받을 수 있는 실용적인 시간구조화를 의미한다. 활동은 주로 성인 자아Ⓐ 대 성인 자아Ⓐ의 교류에서 진행된다.

우리들 대부분은 일을 하면서 보람을 느낀다. 사람은 집단생활을 통해 다른 사람과 상호작용을 하며, 생산성 있는 활동을 한다. 이러한 활동을 만족하는 사람은 기쁨을 만끽한다. 다른 사람과 여러 종류의 스트로크를 교환하는 것이 몇 가지 형태로 일(생산)에 연결된다.

활동은 폐쇄를 제거하는 시간구조화의 모체가 된다.

심리게임

심리게임(놀이, 밀당, game)은 부모 자아Ⓟ와 아이 자아ⓒ에 의해 행해지며, 일련의 이면교류 후 상호 간 불쾌 감정을 느끼는 시간의 구조화이다.

잡담 가운데 부모 자아Ⓟ 대 부모 자아Ⓟ에 따른 제3자의 비판, 평가는 자칫하면 심리게임으로 발전할 수 있다. 이런 비건설적인 심리게임은 부정적인 스트로크를 얻기 위해 행해지는 것이 많고 그 스트로크의 교환 정도는 강하다. 표면적으로는 대부분 사교적인 상보교류의 형태를 취하기 때문에 시간을 구조화하기가 쉽다.

심리게임은 아무것도 얻을 것이 없어 비생산적일 뿐 아니라 이런 시간의 반복은 정신적으로도 바람직하지 않은 결과를 가져온다. 그 결과 나쁜 감정을 느끼며 끝나는 것이 특징이다. 따라서 이야기가 좋지 않게 끝날 것으로 생각되면 화제를 바꾸든가, 성인 자아Ⓐ로 교차교류하여 심리게임하는 시간을 없애야 한다.

친밀

친밀(친교, intimacy)은 시간을 구조화하는 데 가장 중요한 것으로 교류분석의 목적이다.

친밀은 성인 자아Ⓐ에 의해 행해지며, 심리게임과 상호 간에 속이고자 하는 마음이 없는 진솔한 아이 자아ⓒ 대 아이 자아ⓒ의 관계이다.

친밀은 OK-OK의 관계로, 아무 구애도 부정 감정도 없는 마음이므로 평온한 시간을 갖는다. 거기에는 다른 다섯 가지의 시간구조화 요소가 들어갈 여지도 없다. 때로는 열정이 넘치는 시간을 만들어 낸다.

친밀은 우정 속에도, 부부 사이에도, 일하는 장소에서도 일어날 수 있다. 예를 들면, 귀여운 반려견이 갑자기 죽어서 아버지가 딸의 어깨를 안고 위로하면 딸은 아버지의 가슴에 파묻혀 으앙! 하고 운다. 이 순간 아버지와 딸은 밀접한 친밀 속에 있다고 할 수 있다.

그러나 친밀은 때때로 위험하기도 쉽게 상처받기도 한다. 그래서 애정이나 거절의 어떤 감정을 드러내기보다, 잡담과 심리게임을 하는 것이 시간을 보내는 쉬운 방법이라고 생각할 수 있다.

학생은 여섯 가지 시간의 구조화 중에서 평상시 어떤 것에 시간을 많이 쓰고 있는지 예를 들어 설명해 보십시오.

드라마 삼각형 심리게임을 통해 심리적 갈등과 그 탈출방법을 적고 토의해 보십시오.

• 심리게임의 시초, 전개, 결말의 모습은?

• 나의 역할은?

박해자   구원자
(   )   (   )

• 상대방의 역할은?

희생자
(   )

• 심리게임 탈출의 방법은?

시간구조화 연습

1. 학생은 아침에 일어나서 가족들과 인사를 합니까?

2. 학교에 가기 전에 아침 식사를 포함해서 가족들(동료) 사이에 교류가 있습니까?

3. 누군가와 함께 등교합니까? 혼자 조용히 등교합니까?

4. 학과 사무실에서 동기, 선배, 후배들과 인사합니까?

5. 과제를 시작하기 전에 동료들과 잡담을 합니까?

6. 과제 중 한눈팔지 않고 오로지 과제에만 열중합니까? 딴 생각을 합니까?

7. 과제 시간이 짧게 느껴지십니까? 알맞습니까?

8. 집이나 기숙사에 돌아오면 어떤 인사를 합니까? 인사를 하는 사람은 몇 명쯤입니까?

9. 집에 가면 가족들과 인사를 합니까?

10. 저녁 식사 중, 또는 후에 가족들과 어떤 대화를 합니까?

1. 심리게임(psychological game)은 겉으로는 이성적인 대화로 대화의 내용이 성인 자아Ⓐ와 성인 자아Ⓐ의 교류처럼 보이지만, 그 이면에서는 다른 속셈이 깔려있는 교류이다.

2. 심리게임은 한 사람 또는 두 사람 모두에게 불쾌한 라켓감정(racket feeling)을 유발하는 역기능적인 대화이다.

3. 번 박사의 심리게임 공식은
   게임을 거는 사람(Con) + 게임에 걸려든 사람(Gimmick) = 반응(Response) → 전환(Switch) → 혼란(Crossed-Up) → 결말(Pay-Off)로 이어진다.

4. 드라마 삼각형 심리게임은 박해자, 희생자, 구원자의 세 가지 역할로 구성된다.

5. 박해자는 주로 비판적인 부모 자아(CP), 희생자는 주로 순응한 아이 자아(AC), 구원자는 주로 자애로운 부모 자아(NP)가 역할을 한다.

6. 시간의 구조화(time structuring)의 종류에는 폐쇄, 의례, 잡담, 활동, 심리게임, 친밀의 여섯 가지가 있다

우리의 삶이 밝을 때도 어두울 때도,
나는 결코 인생을 욕하지 않겠다.
-헤르만 헤세(Hermann Karl Hesse)-

XI

인생각본

학습 목표

- 인생각본 형성 과정을 설명할 수 있다.
- 승자각본, 비승자 각본, 패자 각본의 차이를 비교할 수 있다.
- 각본 과정 6개 중 1개를 선택하여 설명할 수 있다.

01

인생각본 개념과 형성과정

옛날에 청개구리와 청개구리 어머니가 살았다. 아들 청개구리는 어머니의 말을 듣지 않고 늘 반대로 행동하였다.

어느 날 어머니가 병이 나서 죽게 되어 "얘야 내가 죽거든 개울가에 묻어라"라고 유언을 남겼다.

어머니는 이번에도 아들 청개구리가 반대로 행동하여 개울가가 아닌 다른 곳에 묻을 것이라고 생각하고 한 말이었다. 하지만 청개구리는 이번만큼은 말을 잘 들어야겠다고 생각하고 개울가에 묻었다.

어머니를 묻고 난 어느 날 비가 내렸다. 청개구리는 개울가에 있는 어머니의 무덤이 쓸려 내려갈까 봐 걱정이었다. 그래서 청개구리는 비만 오면 늘 울었다.

어머니 청개구리의 불신이 비가 오면 우는 청개구리의 각본이 된 것이다.

인생각본

연극배우가 무대 위에서 각본(script)에 따라 연기하듯 사람들은 각자의 각본에 따라 삶을 살아간다.

인생각본(life script)은 어린 시절에 만들어지고, 부모에 의해 강화되며, 후속 사건에 의해 정당화되어 결국 선택된 대안(향후 삶에 대한 결단)으로 완결되는 것을 말한다(Berne, 1972). 인생각본은 어린 시절에 부모의 영향으로 발달하며, 현재도 진행 중인 프로그램이다. 인생각본은 개인 인생(생활)의 가장 중요한 국면에 있을 때 어떻게 행동해야 할지를 안내하게 된다. 예를 들면, 결혼, 취직이나 시험을 준비하는 학생에게 어떤 형태로든 영향을 준다.

인생각본의 특징

번 박사가 제시한 각본의 정의를 몇 가지로 요약할 수 있다.

첫째, 각본은 인생계획(life plan)이다. 인생을 살아가는 방식에 대한 구체적인 계획이다. 연극의 각본과 같이 발단—전개—결말로 구성된다. 출생 시부터 쓰기 시작하여 4살 경에 기본 줄거리를 결정한다. 성인이 되면 각본 내용을 의식하지 못하지만 각본에 쓰인 이야기에 따라 인생을 살아간다.

둘째, 각본은 스스로 결정한 인생계획이다. 동일한 환경에서 성장한다 하더라도 각자의 결정에 따라 인생계획은 다를 수 있다. 인간은 말을 배우기 이전부터 이러한 결정을 내리기 시작한다. 결정의 근거는 유아기 때의 감정과 사고이다.

셋째, 각본은 결말 지향적이다. 인생각본에서 가장 중요한 부분은 결말이다. 각본의 이야기 전개는 첫 장면에서 미리 결정해 놓은 결말(pay off)을 실현하는 방향으로 나아간다. 결말은 어린 시절에 스스로 결정한다. 성인이 되어 각본에 따라 살아갈 때, 자신도 모르게 각본의 결말로 이끌 행동들을 선택한다.

넷째, 인생각본은 결단적이다(decision). 아이의 결단은 현실을 검증하고 심사숙고하는 성인의 결단과는 다르다. 부모의 표정, 웃음소리, 울음, 가정의 분위기 등의 숙명적 조건들에 의해 영향을 받는 제한된 결단으로 주로 느낌에 의한 것이다.

다섯째, 각본은 부모에 의해 강화된다(script messages). 각본은 아이가 쓰는 것이지만 부모의 영향은 절대적으로 강하다. 부모의 언어적, 비언어적 메시지는 자기 자신과 세상에 대한 결론을 형성하는 것으로, 각본의 중심 골격이다.

여섯째, 각본은 무의식에 있다(early decision). 성인이 된 이후라도 자신의 행동, 사고, 감정을 담은 삶이 어린 시절에 자신의 결단으로 만들어진 각본임을 지각하지 못한다.

일곱째, 각본을 정당화하기 위해 현실을 재해석한다. 인생에 대해 자신이 내린 결정들을 정당화시키기 위해 자신의 색안경(frame of reference)을 통해 삶에서 일어나는 사건들을 무시하거나 왜곡하여 인식한다. 각본과 일치하지 않는 상황들을 생존에 대한 위협으로 인지하기 때문이다.

인생각본에 미치는 요인

인생각본에 영향을 미치는 요인은 비언어적 영향과 언어적 영향으로 나눌 수 있다.

비언어적 영향

자신의 외모나 인상, 키, 피부색, 성격 등에 대해 다른 사람으로부터 긍정적인 메시지를 받으면, 그 사람의 인생각본은 긍정적으로 쓰이고, 부정적인 메시지를 받으면 그 사람의 인생각본은 부정적으로 쓰인다.

언어적 영향

어린이가 처음에 태어날 때는 모두가 왕자와 공주로 태어나지만, 부모나 주위 사람들이 어떤 메시지를 전달하느냐에 따라, 계속해서 왕자와 공주로 살아갈 수도 있고 폐위된 왕이나 거지가 된 공주로 살아갈 수도 있다. 또한, 어렸을 때 부모가 자식에게 전달한 메시지에 주로 어떤 것이 많으냐에 따라 그 메시지의 영향을 많이 받는다. 즉, '너는 착한 아이구나, 참 잘했어요, 너는 커서도 훌륭한 사람이 될거야' 등과 같은 긍정 메시지를 많이 듣고 자란 아이의 인생각본은 긍정적으로 쓰일 것이다.

반대로 '너는 왜 매일 하는 짓이 그 모양이야, 커서 무엇이 되려고 그래, 너는 아무리 해도 공부 잘하긴 틀렸어' 등의 부정 메시지를 듣고 자란 아이의 인생각본은 부정적으로 쓰일 것이다.

따라서 부모는 자녀에게 어떤 인생각본을 써 줄 것인가를 신중하게 생각해야한다. 즉, 승자각본을 자녀에게 주게 되면 그 자녀는 승자 인생을 살아갈 것이고, 패자각본을 자녀에게 주게 되면 그 자녀는 패자의 인생을 살아갈 것이다. 즉, 어린시절에 인생각본이 어떻게 쓰이느냐에 따라 인생은 달라진다.

인생각본 분석

어린이가 유아기에 경험한 스트로크는 그가 받아들이게 되는 인생태도를 결정하게 된다. 그리고 그 후에 그가 강제로 연출하지 않으면 안 된다고 느끼는 인생각본의 기반을 형성한다.

일찍이 맛보았던 경험
↓
일찍이 내린 결정
↓
인생의 태도
↓
인생각본

각본 치료란 통찰과 성인 자아Ⓐ의 활성화를 촉진하여 재결단(redecision)을 통해 아이 자아Ⓒ를 근본적으로 변화시키는 것을 말한다. 이와 같은 통찰을 통해 자신의 각본을 이해하고 벗어날 수 있도록 하는 것을 각본분석(script analysis)이라 한다. 각본분석의 목적은 심리적인 강박에서 자유롭게 하고(script free), 현재 상황에 맞는 새로운 활로를 찾아 가도록 하는 과제를 달성하는 데 있다.

인생각본은 연극 각본처럼 배우, 막과 배경, 대사, 줄거리 등으로 잘 짜인 리스트를 가지고 있다. 사람마다 서로 다르게 살아가는 것을 이해하기란 쉽지 않다. 어떤 사람은 생애를 통하여 쉽게 살아가며 무엇을 해도 성공한다. 이에 반해 어떤 사람들은 원하는 목표에 거의 도달할 때까지 훌륭히 일을 수행하다가도 막판에 무너지고 실패를 거듭하기도 한다.

인생각본은 동일성과 목표를 내포한 세 가지 질문에 바탕을 두고 있다.

- 나는 누구인가?
- 나는 왜 여기에 있는가?
- 다른 사람들은 누구인가?

한 사람의 인생각본을 분석해 보면 어떤 심리게임을 선택하는지와 그 이유, 그리고 평생 시간을 어떻게 구조화하는지도 알 수 있다.

각본 법칙

한 사람의 인생은 유아기에 부모의 영향을 받은 것이 프로그램되어 결국에는 부정적인 결말로 나타나는 경우가 많다. 번 박사(1970)의 각본 법칙은 다음과 같다.

> K 씨는 어린 시절에 부모님의 이혼으로 어머니 품에서 자랐다. 어머니의 고된 직장 생활로 인해 제대로 보호받지 못했다. 열심히 공부해야겠다고 생각했지만 마음대로 되지 않고 늘 말썽만 피우다가 겨우 고등학교를 졸업했다. 어렵게 취직을 하여 열심히 일해 돈을 모았지만, 주식으로 날리거나 도박으로 날렸다. 일찍 한 결혼 생활도 이혼으로 끝나고 아이들고도 헤어졌다. 결국, 노년에는 고독하고 궁핍한 생활을 한다.

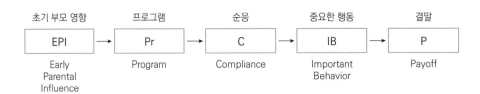

초기 부모 영향		프로그램		순응		중요한 행동		결말
EPI	→	Pr	→	C	→	IB	→	P
Early Parental Influence		Program		Compliance		Important Behavior		Payoff

그림 70 각본 분석

- 초기 부모 영향(EPI): 부모님이 이혼해서 아버지나 어머니로부터 따뜻한 사랑을 받지 못해 애정 결핍 등의 외상체험(trauma)을 한다.
- 프로그램(Pr): I'm not OK로서 존재 없는 역할을 하거나 '나는 성공하지 못할 거야, 나는 살만한 가치가 없어'라고 결단한다.
- 순응(C): 주어진 각본에 따라 살아간다.
- 중요한 태도(IB): 인생의 중요한 상황에서 행하는 행동방식을 말한다. 구체적으로 결혼, 직업, 재산, 죽는 방식 등에서 나타난다. 직장을 쉰 적도 없고 열심히 일하지만 저축할 만한 여윳돈이 없고 돈 관리를 소홀히 하는 행동 양식을 취한다.
- 결말(P): 결과적으로 빈털터리 재기 불능 상태가 되고 하루하루 힘들게 살아간다.

인생각본 성립 과정

인간은 누구나 자신의 라이프 스토리를 구성한다. 출생부터 4살 무렵까지 기본적인 줄거리를 구성한다. 7살쯤 되어서는 각 부분의 중요한 내용을 완성한다. 12-13살이 될 때까지 이를 다듬고 부수적인 것들을 추가한다. 청소년기에 보다 현실에 맞게 수정하기도 한다. 성인이 되어서는 의식하지도 못하지만 어릴 때부터 작성한 스토리에 의해 살아간다. 이 스토리가 바로 인생각본이다.

인생각본은 유아기에 부모의 아이 자아ⓒ에 의해 형성된다. 각본은 유아기에 부모와의 교류를 통해서 그 사람의 아이 자아ⓒ 속에 짜여진 것으로서 소위 인생의 프로그램(program)에 해당된다. 우재현(1992)은 각본 설립과정을 다음과 같이 설명하였다.

각본은 인생초기의 결단에 의해서 만들어진다.

유아는 보통 부모의 애정을 잃는 것을 두려워하여 가혹한 요구를 해도 부모를 즐겁게 하기 위해서 또는 부모에게 순응하여 자신이 해야 할 것에 대해서 어떠한 결단을 한다. 예컨대 어려서 아버지로부터 지독한 폭행을 당하는 어머니를 보고 '불쌍하다! 어머니처럼 불행한 사람은 없다. 어떻게든지 내가 어머니를 편하게 해 드려야지'라고 마음에 다짐하기도 한다. 이 결단은 이후의 여러 사건에 의해서 강화되고 결국 자신의 사람 관계, 결혼, 가정생활 등에 강한 영향을 준다.

이와 같이 유아기 초기에 형성된 잘못된 자신과 타인에 관한 결단으로 인해 이후의 인생은 전혀 다르게 비현실적으로 흘러갈 수 있다. 이와 같은 결정에 따라 체득된 것은 객관적으로 왜곡되어 있어도 그 사람 자신에게는 논리적이고 납득할 수 있는 것이 되어 평생을 좌우하는 근거가 된다.

파괴적인 각본은 부모의 아이 자아ⓒ에 의해서 형성된다.

부모가 자녀에게 주는 메시지 중에는 건설적인 것, 파괴적인 것, 비생산적인 것이 있다. 간혹 부모들은 자신들도 알지 못하는 사이에 아이들에게 파괴적으로 지시할 때가 있다. 파괴적인 지시는 강력한 전극처럼 아이 자아ⓒ에 작용하여 강제적으로 따르게 한다.

예컨대 부모의 지시가 불합리하더라도 아이들은 부모의 지시에 따라야 자신을 지킬 수 있기 때문에, 이들 메시지를 마치 절대적으로 범할 수 없는 규칙처럼 받아들인다.

예를 들면, 어떤 사람이 어렸을 때부터 아버지로부터 "넌 커서 대체 뭐가 되려고 공부를 하지 않는 거니?"라고 야단을 맞는다. 무엇을 해도 칭찬받지 못한다. 성인이 된 후에도 몇 가지 일을 했으나 어느 것도 지속되지 못한다. 결혼도 실패한다. 그는 "나는 멍청한 짓만 하고 어쩔 수가 없습니다. 나는 쓸모 없는 인생을 보내는 기분입니다"라고 술회한다. I'm not OK의 인생이다.

이러한 부모의 아이 자아ⓒ에서 발신하는 파괴적인 메시지로 대표적인 것은 다음과 같은 것이 있다.

- 너 같은 자식은 태어나지 않았더라면...!
- 네가 사내아이였더라면 좋았을 것을.
- 나가 버려!
- "내가 너희들을 다 포기하고 떠나버려야지"

- "내가 너희들만 아니었어도… 이 고생을 안하고 살 텐데…"

각본은 때로는 이면교류에 의해 아이 자아ⓒ에 기록된다.

부모가 표면적인 교류(사회적 교류)로 말하면서, 이면적인 교류(심리적 교류)에서는 다른 말이나 감정 또는 정반대의 말이나 감정을 아이에게 전달하면 각본이 된다. 또한 부모 자아ⓟ가 아이의 예민한 자아에 비언어적으로 전달되어 각본이 된다.

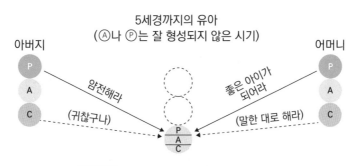

그림 71 5세경까지의 유아 각본 형성과정

[그림 71]은 부모 자아ⓟ나 성인 자아ⓐ가 아직 충분히 형성되지 않은 시기, 즉 태어나서 4-5세 정도의 유아에 대한 예이다. 부모가 자녀에게 전달하고자 하는 표면적인 말보다 이면에 있는 부모의 기분을 더욱 강하게 느끼는 것을 나타낸다.

예를 들면, 아버지의 부모 자아ⓟ에서 "얌전해야지"라는 표면적인 말에 아이는 아버지의 아이 자아ⓒ에서 '귀찮아, 저리 가서 놀아'라는 이면교류를 더 강하게 느낀다는 것이다.

어머니의 부모 자아ⓟ에서 "엄마는 우리 딸이 착한 아이로 자랐으면 좋겠어"라는 표면적으로 전달한 메시지에 아이는 어머니의 아이 자아ⓒ에서 '내가 말한대로 해야 돼'라는 이면교류를 더 강하게 느낀다는 것이다.

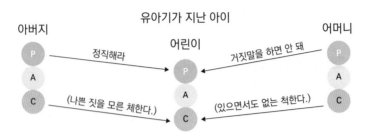

그림 72 유아기가 지난 아이의 각본 형성과정

[그림 72]는 유아기가 지난 아이에 대한 것이다. 부모의 교훈적인 말보다는 부모의 실제 행동에 더욱 강한 영향을 받는다는 것을 나타낸다. 예를 들면, 아버지가 부모 자아Ⓟ에서 어린이의 부모 자아Ⓟ로 "정직해라" 메시지를 보내지만 어린이의 아이 자아ⓒ에서는 아버지의 아이 자아ⓒ에서 보내는 '나쁜 짓을 모른 채' 하는 실제 행동을 더 강하게 받아들인다.

어머니가 부모 자아Ⓟ에서 어린이의 부모 자아Ⓟ로 "거짓말 하면 안돼"라는 메시지를 보내지만 어린이의 아이 자아ⓒ에서는 어머니의 아이 자아ⓒ에서 보내는 '거짓말을 한 일이 없는 척'하는 어머니의 실제 행동을 더 강하게 받아들인다.

각본은 부모가 아이에게 무엇을 말하느냐보다는 그것을 어떻게 말했느냐에 의해서 정해지는 경우가 많다. 왜냐하면, 부모의 참 의도를 숨긴 이면의 메시지에 의해 아이는 보다 강한 영향을 받기 때문이다.

인생각본 분석과 인생 재결단

인생각본은 인생초기의 결단에 의해 만들어진다. 이것은 지금도 계속하여 인생에서 가장 중요한 시기, 예컨대 직업 선택, 결혼, 육아, 정년퇴직 등의 시기에 우리의 행동을 지시할 정도로 강한 강제력을 갖고 있다. 때로 운명 또는 숙명이라고 느껴지게 한다.

우리들이 스스로 강압적으로 연출하는 특수한 인생드라마를 알고 인생계획을 스스로 통제하기 위해서는 각본분석에 따라 성격의 수수께끼를 이해하는 것이 바람직하다. 특히 인생초기의 결단에 따라 만들어진 성격의 기본 조합을 이해하는 것이 무엇보다 중요하다. 각본분석의 결과 여하에 따라 스스로 인생계획의 과정을 재결정하고 자신의 독립성과 모두에게 이익이 되는 드라마로 다시 쓸 수 있게 된다. 이렇게 하여 우리들은 옛 각본에서 탈출하여 자신의 각본에 새로운 방향을 줄 수 있게 된다.

성찰 질문

인생각본 개념과 연계할 수 있는 속담이나 격언에는 무엇이 있습니까?

(예: 될성부른 나무는 떡잎부터 알아본다.)

승자각본, 비승자각본, 패자각본

등산할 때 산 정상까지 어떻게 해서라도 올라가야 만족하는 사람이 있다. 이 사람은 승자각본에 따라 살아간다고 할 수 있다. 등산하다가 정상까지 올라가지 않고 중간까지 가더라도 만족하는 사람이 있다. 이 사람은 비승자각본에 따라 살아간다고 할 수 있다. 등산할 때 힘들다고 생각하면 아예 포기하는 사람이 있다. 이 사람은 패자각본에 따라 살아간다고 할 수 있다.

각본은 몇 가지 관점에서 분류될 수 있다. 번 박사가 제시한 유아시절의 시간의 구조화를 근거로, 스테이너(Steiner, 1971)는 내용과 결말을 각본으로 분류하고 있다.

어린 시절의 결단에 의해 분류하면 승자각본, 비승자각본, 패자각본으로 나눌수 있다.

승자각본

번 박사는 승자(winner)를 '자신이 선언한 목표를 성취하는 사람'이라고 하였으며, 굴딩(Goulding)은 '세상을 더 낫게 만드는 사람'이라고 하였다.

승자는 희망을 가지고 자신 인생에 적절한 목표를 설정하고 이를 달성하기 위해 오늘도 진정한 삶을 살아간다. 승리란 자신이 선언한 목표를 안락하고 행복하게 원만하게 달성하는 것을 말한다. 참다운 삶을 사는 사람은 자신의 타고난 개성과 능력을 실현하기 위해 타인의 장점을 높이 평가할 줄 안다. 승자는 '있는 그대로의 자신'을 수용하고 자주적인 삶을 산다. 승자는 시간을 소중히 보내며, '지금 여기'에 집중한다.

비승자각본

비승자각본은 평범한 각본이다. 남들과 비슷한 수준에 도달하면 만족하는 사람의 각본이다. 자기 목표를 보다 잘 성취하기 위해 최선을 다하지도 않고 그렇다고 목표를 달성하지 못해도 안달하지 않는다. 큰 포부를 가지지 않으니 크게 실패할 일도 없다. 승리를 원하지만 위험감수를 하지 않으며 안전을 지향한다. 예를 들면, "그때 밤샘해서라도 A+를 받았어야 했는데…. 하지만, 뭐 B+도 크게 나쁠 건 없지"라고 생각한다. 학교에서는 그럭저럭 남들처럼 공부하다가 졸업한다. 직장에서는 남들처럼 업무하고 조용히 퇴직하면 그만이라고 생각한다.

특별한 것도 없고 부족할 것도 없는 그저 그런 인생이다. 나의 사전에 '큰 승리, 큰 손해, 큰 위험은 없다'라고 생각한다.

패자각본

패자는 자신이 선언한 목표를 성취하지 못하는 사람이다. 패자각본을 가진 사람은 자신이 설정한 목표를 제대로 성취하지 못한다. 무력하게 타인이나 환경에 의존하여 살며, 자기 자신의 행동이나 인생에 책임을 지지 않으려고 한다. 패자는 과거의 기억이나 미래의 헛된 환상에 사로잡혀서 현재를 진정하게 살지 못하고 파괴한다. 목표를 달성했더라도 만족하지 못한다면 패자이다. 실패하겠다는 목표를 설정하고 그렇게 하는 사람도 패자이다.

결말의 심각성에 따른 패자각본 분류

제1급 수준의 패자각본

실패나 상실이 개인이 속한 사회집단에서 충분히 상식적으로 논의될 수 있는 정도이다. 예를 들면, 대학시험 실패, 직장에서의 다툼이나 승진 탈락, 가벼운 우울증세로 상담이나 외래치료를 받는 것 등이다.

제2급 수준의 패자각본

패자가 속한 사회집단에서 받아들이기 어렵거나 심각하게 불쾌한 각본 결말을 경험하는 것이다. 예를 들면, 부정으로 대학에서 쫓겨나는 것, 직장에서의 해고, 심각한 우울증세로 입원치료를 받는 것 등이다.

제3급 수준의 패자각본(비극적)

죽음이나 심각한 손상 또는 병이나 법률상의 이유로 위기 상태이다. 막다른 골목에 처했다고 볼 수 있다. 예를 들면, 최종 시험에 실패하여 자살하는 것이다. 심각한 정신질환으로 평생 입원해서 치료받는 것이다. 회사 공금 유용으로 감옥생활을 하는 것이다.

인생각본과 재결단

승자-비승자-패자의 분류는 과거에 대한 유용한 정보이다. 그것은 현재를 변화시키기 위한 가치 있는 지도를 제공해 준다. 승리와 패배의 의미는 사람마다 다르다. 자신에게는 비승리자, 패자 결말이 타인에게는 승리자의 결말이 될 수도 있다. 사실 우리 삶의 대부분은 승자와 비승자 그리고 패자로 혼합된 각본이다. 예를 들면, 어린 시절 나의 독특한 결단으로부터 정신노동에서 '승자', 그러나 육체 활동에서는 '비승자', 인간관계에서는 제1급 수준의 '패자'가 될 것을 자신 스스로 결정했을 수 있다.

각본은 스스로 결정하여 변화시킬 수 있다. 가장 중요한 것은 어떤 각본이든 바꿀 수 있다는 것을 깨닫는 것이다. 자신의 각본을 이해하면 패자각본을 구성한 것이 무엇인지 알 수 있고, 승자각본으로 바꿀 수 있다. 미래에 대한 모든 것은 변한다. 즉, 어느 누구나, 어느 상황에서 승자각본대로 행동할 수 있다.

학생은 대학 생활을 하면서 승자각본, 패자각본, 비승자각본 중 어느 각본에 해당
된다고 생각합니까? 그 예를 든다면 무엇입니까?

03

여섯 가지 각본 과정

인생각본 과정 중에 '몇 번이나(over and over)', 또는 '거의(almost)'라는 각본은 시지프스 신화에 비유될 수 있다. 이 각본은 목표 달성이나 성공을 거의 눈앞에 두고 계속해서 실패하는 것을 말한다.

저승에 잡혀간 시지프스는 아내가 자신의 시신을 들짐승의 먹이가 되도록 방치한 것을 원망하며 사흘간의 말미를 주면 아내를 혼내주고 자신의 시체도 장례를 치르고 돌아오겠다고 간청한다. 그를 불쌍히 여긴 하데스는 그의 부탁을 들어주고 이승으로 돌려보냈지만 시지프스는 예상대로 저승으로 돌아가지 않고 꽁꽁 숨어버린다. 제우스는 결국 자신의 전령인 헤르메스를 지상으로 보내 시지프스를 잡아 지하 세계로 끌고와 그에게 가장 끔찍한 형벌을 내린다. 그 벌은 아크로 코린토스산에 있는 커다란 둥근바위를 산꼭대기로 밀어 올리는 것이었다. 바위는 정상에 오면 다시 아래로 굴러떨어진다. 그러면 시지프스는 산 아래로 내려가 다시 돌을 굴려 올려야 한다. 이 일을 끊임없이, 영원히, 무한대의 시간동안 반복해야 한다.

각본 과정

교류분석에서 말하는 각본은 어린 시절의 결단에 기초한 삶의 계획 또는 유아기에 형성된 무의식 또는 전의식적 생활계획이다. 삶 또는 생활 계획은 어린 시절에 결정되며 우리는 거의 무의식적 수준에서 이 각본에 따라 살아간다. 인생각본의 형성은 인정자극을 포함한 자극의 욕구를 충족시키기 위한 각종 활동과 부모의 허용, 금지령, 초기결단, 인생태도와 같은 자세의 욕구에 의해 결정된다. 다시 말하면, 타인의 태도에서 얻은 자신의 해석이며, 이는 주로 비언어로 이루어진다. 그리고 자신에 대해 타인이 전해주는 말에 대한 해석은 주로 언어로 이루어진다.

각본 과정은 한 사람이 행하는 자신과 타인, 세계에 대한 조기결단을 의미한다. 각본이 어떻게 영향을 미치는가를 가리킨다. 이는 세월을 두고 자신의 각본에 따라 살아가는 방식이다. 즉 시간의 구조화에 따른 분류이다. 여섯 가지의 각본 과정은 마치 좌우명처럼 모두 고유한 주제를 가지고 있다.

'까지(until)' 각본

이 각본을 가진 사람은 '~전까지는 즐길 수 없다'는 신념으로 살아간다. 즉, 자신이 정한 시기나 목표가 달성되기 전까지는 마음 편히 살지 못한다. 그때까지는 엄격하고 가혹한 삶을 살기 쉽다. 한마디로 오늘 할 수 있는 일을 막연한 조건을 달아 미루는 각본이다.

예를 들면, "좋은 학점을 받을 때까지는 여행할 수 없어", "돈을 모을 때까지는 옷을 사 입지 않을 거야" 등과 같은 조건을 달아서 참된 자신의 삶이나 자아실현을 회피하는 각본이다. 말을 할 때 애들이 어려서, 집이 없어서, 여유가 없어서 등 단서를 달면서 대화하는 것도 이 각본에 해당된다.

- 좌우명: 나는 내 일을 끝마칠 때까지는 즐길 수가 없어요.
- 삶의 패턴: 불유쾌한 것을 완벽히 끝마칠 때까지는 유쾌한 것을 얻을 수 없다.
- 드라이버: 완벽해라.
- 극복 방법: 자신의 일이나 목표가 이루어지기 전에도 즐길 수 있는 일을 찾는 것이다. 지금-여기에서 자신을 위해 과감히 행동하는 것이다.

'그 후(after)' 각본

이 각본을 가진 사람은 '오늘은 즐기고, 내일 대가를 치르겠다'는 신념으로 살아간다. 즉, 특정 시기 이후에는 아무런 희망이 없거나 불행하다는 비합리적인 신념을 가지고 산다. 지나치게 불안해 하거나 하루를 함부로 보낸다. 즉, 일어나지 않은 미래의 일을 미리 걱정만 하는 각본이다.

예를 들면, "결혼은 인생의 무덤이야. 굉장한 파티이지만 내일이면 머리가 아플거야", "안 좋은 일이 생길거야", "그래도 어쩔 수 없어"라는 마음이 떠나지 않는다.

- 좌우명: 나는 오늘 놀 수는 있어요. 하지만 내일(그 후에) 그것에 대한 대가를 지불해야만 할 것 같아요.
- 삶의 패턴: 유쾌한 것을 획득하지만, 곧 그 후에 불쾌한 일이 나에게 일어날 것이다.
- 드라이버: 다른 사람을 기쁘게 하라. 너 자신을 기쁘게 하라.
- 극복 방법: 먼저 내일도 즐겁게 지낼 것을 결정해 놓고 오늘을 즐긴다. 지금-여기에 집중한다.

'결코(never)' 각본

이 각본을 가진 사람은 '내가 가장 바라는 그 일은 결코 이루어질 수 없을 것'이라고 생각하고 미리 포기하고 노력도 하지 않으면서 삶을 초조하게 살아간다. 즉, 마음 또는 생각만 하고 결코 행동 않는 각본이다.

예를 들면, "나는 결코 1등은 못할거야", "하긴 해야 하는데" 등의 말을 달고 산다.

- 좌우명: 나는 결코 내가 원하는 것을 그동안 갖지 못했어요.
- 삶의 패턴: 결코 출발할 수도 없고, 어디에 도착할 수도 없다.
- 드라이버: '중요한 인물이 되지 마라', '강해져라', '약한 모습을 보이선 안된다'
- 극복 방법: 원하는 것을 얻기 위해 구체적인 방법을 작성하고 실천한다. 마음을 열고 원하는 것을 표현한다.

'언제나(always)' 각본

이 각본은 '왜 나에게는 항상 이런 일이 일어나는지 모르겠다'고 푸념한다. 그러나 정작 변화를 시도하지는 않는다. 즉, 힘들고 어려운 관계나 일이 반복적으로 발생하는 각본이다. "왜 나에게만 이런 일이", "전생에 무슨 죄를 지었기에"라는 말을 달고 산다.

- 좌우명: 저는 이런 상황을 늘 만들어 왔어요. 그리고 계속 그렇게 해야만 할 것 같아요.
- 삶의 패턴: 상태가 나쁜데도 늘 같은 일을 한다.
- 드라이버: 열심히 해라.
- 극복 방법: 같은 실수를 반복하거나 일이 끔찍할 때 이를 지속하지 말아야 한다. 철든 어른 성격을 활용하거나 다르게 살기 위해 구체적인 행동계획을 수립한다.

'거의(almost)' 각본

이 각본을 가진 사람은 목표달성이나 성공을 눈앞에 둔 상황에서 실패하거나 좌절을 반복한다.

예를 들면, 대학입시 시험 당일에 몸이 아프거나 어이없는 실수를 한다. "다 했는데 끝부분 조금만 못했어", "이번에는 거의 다 됐는데…"라는 말을 종종한다.

- 좌우명: 나는 한 발만 더 가면 정상에 도달할 수 있었지요. 그러나 곧 다시 밑으로 떨어지고 말았답니다.
- 삶의 패턴: 일(기획 등)을 시작했지만, 확실히 끝낼 수 없다.
- 유형 1: 이번에는 거의 다 되었는데… 어떤 일이든 제대로 마무리하지 못하고 실패하고, 실패에 대해 반성하지 않고 변명만 한다.
- 유형 2: 자신이 성공을 거두었다는 사실을 인지 못하고 위를 향해 몰두한다. 산의 정상에서 더 높은 정상에 도전하기 위해 주변을 탐색한다.
- 드라이버: 기쁘게 하라, 열심히 하라.
- 극복 방법: 할 일을 완성했는지 확인하는 습관을 길러야 한다.

'텅 빈(open-ended)' 각본

이 각본을 가지고 사는 사람은 "특정 시점에 이른 다음에는 내가 무엇을 할지 알 수 없다"라고 말한다. 이런 사람은 삶의 전환점을 이루는 특정 시점 이후에는 시간의 구조화가 이루어지지 않는다. 각본 뒷부분을 잃어버린 것과 같이 텅 비어 있다. 즉, 하나의 목적 성취 후 무엇을 할지 갈피를 못 잡는 각본이다. 자신을 위한 계획이 없고 일이나 가족, 타인을 위해 희생하는 역할을 한다.

예를 들면, 자녀 출가 뒤 허전하거나 허탈, 무력감, 우울감에 사로잡힌다.

- 좌우명: 나는 어떤 특정 시점부터는 다음에 무엇을 해야 좋을지 모르겠어요.
- 삶의 패턴: 인생 또는 사업에서 어떤 지점에 도달하지만, 그때부터는 어떡해야 좋을지 알 수 없다.
- 드라이버: 기쁘게 하라, 완벽하게 하라.
- 극복 방법: 어떤 일을 할 때 중장기 계획을 세우고 체크해 나가는 습관을 길러야 한다.

각본과정과 관련한 구체적인 자신의 경험은 무엇입니까?

각본과정에서 탈출하기 위한 구체적인 행동계획은 무엇입니까?

승자가 되기 위해 다음 질문을 통해 점검해 보십시오.

- 자아상태는 균형 잡혔는가?
- 긍정적 스트로크 교환을 하고 있는가?
- OK-OK 인생태도를 유지하고 있는가?
- 심리게임을 하고 있지 않은가?
- 시간은 생산적으로 사용하고 있는가?
- 패자각본을 폐기하고 승자각본을 다시 썼는가?
- 자율성을 발휘할 수 있는가?

1. 각본의 기원은 두 가지 면에서 살펴볼 수 있다.

   첫째, 각본 결정은 적대적인 세상에 대한 반응이다.

   둘째, 각본 결정은 유아의 정서와 현실 검증을 토대로 내려진다.

2. 어린 시절의 결단 내용에 따라 승자·비승자·패자각본 세 가지로 나눈다.

3. 승자는 희망을 가지고 자신 인생에 적절한 목표를 설정하고 이를 달성하기 위해 오늘도 진정한 삶을 살아간다.

4. 비승자는 남들과 비슷한 수준에 도달하면 만족한다.

5. 패자는 자신이 설정한 목표를 제대로 성취하지 못한다.

6. 패자각본은 과거를 후회하거나 미래에 대해 불안해 한다.

7. 각본 과정은 '좌우명'을 가지고 있으며, 한 사람이 행하는 자신과 타인, 세계에 대한 조기결단을 의미한다.

8. 각본 과정에는 그 후 각본, 언제까지나 각본, ~까지 각본, 결코 각본, 거의 각본, 텅 빈 각본이 있다.

그대 자신의 영혼을 탐구하라.
다른 누구에게도 의지하지 말고
오직 그대 혼자의 힘으로 하라.
그대의 여정에 다른 이들이 끼어들지 못하게 하라.
이 길은 그대만의 길이요,
그대 혼자 가야할 길임을 명심하라.
비록 다른 이들과 함께 걸을 수는 있으나
다른 그 어느 누구도 그대가 선택한 길을 대신 가줄 수 없음을 알라.
-인디언 속담-

XII

인생 재결단

학습 목표

- 대항각본과 금지각본 중 하나를 예를 들어
  설명할 수 있다.
- 나의 재결단 스토리를 발표할 수 있다.

01

대항각본과 금지각본

어릴 때부터 부모나 주변 사람으로부터 어떤 말을 자주 들었는가?

어떤 이는 "열심히 해라"라는 말을 많이 들었다고 한다. 어렸을 때부터 부모님이나 할아버지께서 "공부를 열심히 해라"라는 말을 자주 하셨다. 예를 들면, 할아버지께서는 "책을 가까이 하고, 공부를 열심히 해야 성공한다"라고 하셨고, 부모님께서는 유년기때 "공부를 열심히 해야 원하는 것을 가질 수 있다"라고 하셨다. 학창시절에는 "공부를 열심히 해야 가고 싶은 대학에 갈 수 있다"고 늘 말씀하셨고, 대학 입학 후에도 "공부를 열심히 해야 좋은 직장에 갈 수 있다"라고 자주 말씀하셨다.

이런 말은 무언가를 열심히 한다는 뿌듯함을 주고 결과가 좋으면 더 뿌듯하고 기쁘게 한다.

그러나 공부란 꼭 열심히 해야 하는 것이라는 생각이 들면서 열심히 하지 않을 때 불안감과 걱정이 앞서게 되었다. 그러면서 간혹 정신적 스트레스를 받았다. 심할 경우 공부라는 것을 부정적으로 받아들이거나 피하게 되었다.

각본 모형

　우리들의 인생각본은 유·소아기에 주로 아이 자아ⓒ가 행한 결단에 따라 형성
된다. 그 결단은 대체로 부모, 특히 부모의 아이 자아ⓒ로부터 받은 메시지에 영향
을 받는다. 이들 메시지 중에는 건설적인 것, 파괴적인 것, 비생산적인 것 등 여러
가지 정도가 포함된다. 부모의 부모 자아ⓟ나 아이 자아ⓒ는 아이의 어린 시절에
좋은 것을 많이 알려준다. 우리가 위험을 피하고 사회의 규칙을 지키는 것은 이 때
문이다. 파괴적인 메시지는 이면교류로서 아이의 아이 자아ⓒ에 주어진다. 그들은
직접적인 말이나 간접적인 의미를 갖고 일종의 주술과 같이 주어진다.

　스테이너(Steiner, 1971)는 각본이 형성되는 과정을 도식화하여 '각본 모형'을 고
안했다. 각본은 대항각본, 금지령, 모델의 세 가지가 어우러져 형성된다.

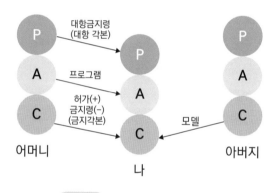

그림 73　스테이너의 각본 모형

대항각본

　대항각본(counter script)은 부모의 부모 자아ⓟ상태에서 나의 부모 자아ⓟ로 발
신하는 메시지들을 말한다. 대항각본의 지령은 부모의 자애로운 부모 자아(NP)에
서 발산되는 교훈적이고 상식적인 메시지 전달이다.

　예를 들면, 착한 아이는 울지 않는다, 쓸데없이 신경쓰지 말고 저축해라 등이
다. 자녀의 건강한 성장을 바라는 부모의 목소리이다. 즉, 무엇을 하고 무엇을 하
지 않을 것인가에 대한 명령과 사람들과 세상에 관한 규정을 지키라는 합의이다.

대항금지령은 금지령에 대항하는 것과 같은 슬로건을 내걸면서 실제로는 각본의 진행에 가담하는 것을 말한다. 대항금지령은 오랜 시간 동안 자신을 돌보고 사회에 안정하게 적응하는 긍정적인 방식으로 사용한다. 예를 들면,

- 훌륭한 사람이 되어라.
- 무례하면 안된다.
- 열심히 일해라.
- 거짓말을 하지마라.
- 무엇이든 최선을 다해라.

프로그램

프로그램(program)은 성인 자아Ⓐ에서 아이의 성인 자아Ⓐ로 전달되는 메시지로, 주로 일을 어떻게 할 것인가에 대한 구체적인 메시지로 구성된다. 프로그램은 '~하는 법(Here's how to…)'이라는 표현으로 문장을 시작한다. 대항각본에 따라 사람들은 건설적이고 긍정적인 방식으로 프로그램 메시지를 사용한다. 그러나 대항금지령과는 다른 부정적인 행동방식의 프로그램을 통한 메시지를 사용하기도 한다. 간혹 부모의 부모 자아Ⓟ에 의해 오염된 성인 자아Ⓐ, 즉 편견에 의해 자녀의 성인 자아Ⓐ에 전달된다.

허가

허가(permission)는 부모의 아이 자아Ⓒ에서 아이의 아이 자아Ⓒ로 전달되는 긍정적 메시지이다. 주로 이면에 있는 비언어적이고 심리적인 메시지이다.

예를 들면, 아기를 돌볼 때 부모 자아Ⓟ는 부모의 도리와 돌보는 역할을 다해야 한다고 지시한다. 성인 자아Ⓐ는 책에서 읽은 육아 방법대로 실천한다. 아이 자아Ⓒ는 너무나 소중하고 귀여워 꼭 안고 신체적 스트로크를 즐길 때, 아기는 어머니의 비언어적 메시지들을 받아들이면서 "엄마가 나를 원하고 가까이 있는 것은 나를 좋아해서 그런거야"라고 결론을 낸다. 어머니는 아기에게 '허가'를 주고 있다. 존재의 허가와 친밀하게 되는 것이다.

금지령

금지령(injunction)은 부모의 내면에 있는 아이 자아ⓒ에서 자녀의 아이 자아ⓒ에게 내리는 부정적 메시지이다. 주로 이면에 있는 비언어적이고 심리적인 메시지이다. 이 메시지는 자녀가 무엇을 해야 하며, 무엇이 되어야 하는지를 말해준다. 대체적으로 부모가 자녀에게 주는 명령 중에 불공평하고 부정적인 의미를 가진 명령이다. 예를 들면, 쓸데없는 것을 생각하지 마라, 불평하지 마라 등 '하지 마라(don't)'를 반복하여 말하는 것으로, 위반하면 벌을 주기도 한다.

번 박사는 세 가지 수준으로 금지령을 분류했다. 제1도 금지령은 승자의 각본에 입각한 것이고, 제2도 금지령은 비승자각본의 기본이 되는 금지령, 제3도 금지령은 끔찍한 체벌 등으로 자녀에게 공포심을 심어주어 결국 패자의 각본을 초래하는 금지령을 의미한다.

아기를 안아 주면서도 "이 아기 때문에 내 인생이 완전히 꼬였어!"하며 원망어린 심정과 태도로 임하는 것도 금지령의 예이다.

굴딩(Goulding) 부부의 12가지 금지령

번 박사가 제시한 금지령 외에 굴딩 부부(1979)가 제시한 12가지 금지령은 다음과 같다.

존재해서는 안된다(Don't be, Don't exist)

금지령 중에 가장 치명적인 것으로 부모가 아이의 존재 자체를 거부하는 것이다. 자신이 타인의 삶에 방해가 된다고 여기기 때문에 우울한 경우가 많고 자살, 살인 혹은 사고사의 위험이 높은 금지령이다.

메시지 — 영·유아기부터 유기, 학대, 무시 또는 부모 불화의 원인이 자신에게 있는 것 같은 느낌을 주는 말과 행동이다. 예를 들면, 저걸 낳지 않았더라면 걱정은 없을 텐데, 너는 항상 왜 그 모양이니?

결단 — 나는 누구의 사랑도 받을 수 없다, 나는 당신이 나를 사랑하도록 만들겠다. 비록 이 때문에 내가 죽더라도.

여자(남자)여서는 안된다(Don't be you)

메시지 — "네가 남자(여자)였더라면" 등 부모가 바라지 않는 성(性)으로 태어난 아이에게 주어지는 내용이다. 결혼 기회 상실, 남성에 대한 경쟁, 성적 장애, 동성애, 반복되는 이혼은 이 금지령 및 유아결단과 관련될 수 있다.

결단 — 어째서 남자(여자)에게는 이길 수 없는 것인가, 내가 어떤 사람이 되든 무엇을 하든, 나는 부모를 기쁘게 할 수 없다, 나는 남자(여자) 행세를 하겠다.

어린이처럼 즐거워해서는 안된다(Don't be a child)

성격이 너무 성실해서 인생을 즐기지 못하는 사람이나 소년·소녀 가장에게 자주 보여지는 금지령이다.

메시지 — 쾌락(즐거움)은 나태하고 나쁘다고 간주하는 자수성가한 부모, 식사예절·생활 등에서 지나치게 엄격한 부모, 일 중독 부모의 말과 행동이다. 예를 들면, 까불지 마라. 무엇이 좋다고 그렇게 까부니?, 게임을 그렇게 많이 하면 어떻게 되니? 등이다.

결단 — 나는 결코 즐거운 사람이 아니다, 나는 늘 신중히 처신하고 어린애 같은 짓은 하지 않겠다, 나는 다른 사람을 돌봐야 해. 그러나 나 자신은 아무것도 요구하지 않겠다.

성장해서는 안된다(Don't grow up)

이 금지령은 과잉보호, 과잉간섭적이어서 마치 아이를 자신의 부속물이나 연장과 같이 여기는 부모, 특히 아이들이 자라서 부모 곁을 떠나게 되는 것을 받아들이기 어려운 부모에 의해서 내려질 수 있다. 주로 비언어적으로 내려지는 경우가 많으며 매우 의존적이다. 사회인이 되는 것을 피하고 지나치게 자기애적인 사람에게서 많이 볼 수 있다.

메시지 — 부모의 과보호, 과잉간섭, 밀착, 공생관계이다. 예를 들면, 이렇게 이쁜 것. 더 자라지 마라, 이 약한 것을 어떻게 내보내나, 영원히 막내로 있었으면 좋겠다.

결단 — 영원히 아이로 있어야지(피터팬 신드롬), 안전한 부모 곁에 오래 머무를 거야, 나는 부모가 되지 않을 거야.

성공해서는 안된다(Don't make it)

어떤 일이 도중에서 비건설적인 형태로 끝나버리는 결과를 보게 되는 사람의 배후에서 작용하는 금지령이다. 극단적으로 아이를 비난 또는 비판하는 부모에 의해서 내려진다. 인생의 중요한 고비마다 커다란 실패를 반복한다.

메시지 — 실패만 각인시키며 비난, 비판한다. 예를 들면, 너는 무엇을 해도 되는 게 없니? 등이다.

결단 — 나는 할 수 있는 일이라고는 없다, 난 뭘 잘해서 돋보이지 않을거야, 그냥 중간 정도만 하며 살 거야.

실행해서는 안된다(Don't ... or Don't do anything)

뭔가 실천하려고 하면 강력한 내적인 브레이크가 걸리는 사람에게 작용하는 금지령이다. 아이들의 행동이 재난을 몰고 올까 봐 어떤 행동을 못하게 하는 것이다.

메시지 — 삶의 중요한 국면에서 결단이나 실천을 못하고 하거나, 조금이라도 위험이 수반되는 행동을 금지시킨다. 예를 들면, 칼을 만져서는 안된다. 혼자 외출하면 안된다.

결단 — 나 혼자 결정하는 것은 위험하다, 세상 일은 위험투성이다, 다른 사람이 해주기를 기다리자.

중요한 인물이 되어서는 안된다(Don't be important)

이는 성장과정에서 열심히 노력하여 어떤 성취가 있었는데도, 이에 대해 부모로부터 정당한 평가를 받지 못한 느낌을 받는 금지령이다.

메시지 — 언제나 억압되어 자기 주장이 허용되지 않고 책임 있는 일을 맡기지 않는다. 예를 들면, 너는 아이니까 잔말 말고 있거라, 너는 어리니까 아직 하지마? 등이다.

결단 — 나는 결코 주요한 사람이 되지도 않을 것이고 그런 느낌마저도 갖지 않겠다, 다른 사람은 모두 나보다는 낫다, 어쨌든 누구도 나를 인정해 주지 않는다.

소속되어서는 안된다(Don't belong)

메시지 — 부모가 특권 의식이나 엘리트 의식이 강한 경우, 또는 소외감, 열등감이 있어 고립된 생활방식을 하는 부모의 언동에서 발산한다. 부모가 비사교적인 경우에 알게 모르게 아이에게 전달될 수 있다. 예를 들면, 어디에도 깊게 관여하지 마라! 등이다.

결단 — 어디에 소속되는 것은 나하고 어울리지 않는다며 고립·폐쇄를 한다.

사랑해서는 안 된다(Don't beclose)

친절한 애정 표현이 거의 보이지 않는 가정, 친밀한 인간관계에서 발생한다. 감정변화가 심하고 공격적이다.

메시지 — 상대방이 싫어하는 행동을 하거나, 안정된 분위기를 깨뜨린다. 예를 들면, 사랑은 반드시 깨어진다.

결단 — 결코 다른 누군가를 사랑하지 않을 거야, 절대로 다른 사람을 믿지 않을 거야, 사랑은 반드시 도중에 깨어지므로 애당초 하지 않을 거야, 결코 다른 사람과 친해지지 않는다.

건강해서도 안되고 바른 정신이어도 안된다(Don't be well; Don't be sane)

병과 인연을 끊을 수 없는 사람, 건강 관리에 무관심해서 언젠가 병에 걸리는 사람, 의사로부터 주의 받은 것을 지키지 못하는 사람에게서 볼 수 있는 금지령이다.

메시지 — 질병에 걸렸을 때만 부모로부터 귀염을 받는 체험이 가득한 부모의 말과 행동이다. 예를 들면, 아프니까 더 관심을 갖네. 더 아파야지! 등이다.

결단 — 나는 늘 아파야 돼, 내 병은 치료할 수 없어.

생각해서는 안된다(Don't think)

메시지 — 아이들의 자연스런 호기심이 무시되거나 특정한 화제에 대해서는 말도 못 꺼내게 하는 부모의 말과 행동이다. 예를들면, 너는 모르는 것이 차라리 나아!

결단 — 나는 아무 것도 모른다, 대충 알고 살자.

자연스런 감정을 표현해서는 안된다(Don't feel)

정신·신체장애에서 자주 볼 수 있는 금지령이다. 너무 지적이어서 인간적 정서적 교류가 결핍된 부모의 말과 행동이다.

메시지 — 희로애락의 자유로운 표현을 금지한다. 예를 들면, 내 생각대로 해!, 우는 아이는 싫다, 사내는 흰 이빨이 보여서는 안된다 등이다.

결단 — 나는 아무 것도 느끼고 싶지 않다, 나의 느낌보다 부모가 느끼고 있는 것처럼 느끼자, 감정은 말로 표현해서는 안된다.

드라이버

부모의 부모 자아Ⓟ로부터 아이의 부모 자아Ⓟ에게 '하라', '되어라' 등의 강력한 명령을 전달하게 되는데 이 명령대로 행동하면 인정, 즉 긍정적 스트로크를 받게 된다. 이러한 부모의 명령이 자녀의 부모 자아Ⓟ에 고정되고 내면화되어 드라이버(drivers)라고 불리는 강력한 명령으로 자녀의 성격에 크게 작용하게 된다. 드라이버는 금지령에 대항하는 것이라는 의미에서 대항각본(counter script)이라고도 한다.

부모의 부모 자아Ⓟ로부터 자녀의 부모 자아Ⓟ에게 똑같은 명령으로 반복되어 전달되면 그에 따르는 보상, 곧 스트로크를 얻기 위해 그대로 따르게 된다. 그런데 성인이 되어서도 그 명령대로 행하게 되어 성인의 현실과 맞지 않는 사고, 감정, 행동의 표출로 고통을 겪게 된다. 드라이버의 종류는 다섯 가지로 완벽해라(Be perfect), 열심히 해라(Try hard), 서둘러라(Hurry up), 나를 즐겁게 해라(Please people), 강해져라(Be strong)가 있다.

완벽해라!(Be perfect!)

자신의 아이 자아ⓒ가 무엇을 하려고 하면 자신의 부모 자아Ⓟ로부터 "완벽해라", "완벽하게 하지 않으려면 하지마"라는 소리가 들려서 하기 어렵게 되거나, 무엇인가 하고 있는 도중에 어딘가에서 "그것이 완벽한거야?", "아직도 틀렸잖아"라는 부모 자아Ⓟ로부터 소리가 들리기 때문에 결국 언제나 완벽하지 못한 채 초조하여 안달하게 된다.

열심히 해라!(Try hard!)

뭔가 열심히 노력하고 있는 사람은 뭔가를 하지 않으면 어디선가 부모 자아ⓟ의 소리로 "열심히 하는 거야!", "열심히 하지 않으면 안돼!"라고 하는 것 같은 기분을 느끼게 된다. 뭔가를 할 때마다 최선을 다하지만 결과는 잘 나오지 않는다. 그리고 항상 불안감에 사로 잡혀 또 반복해서 열심히 노력한다. 휴가를 가도 최선을 다한다.

서둘러라!(Hurry up!)

언제나 조바심이 나는 사람이 있다. 그 이유는 하던 것을 중단하고 다른 것을 하게 되면 하려던 것을 하기에는 시간이 없기 때문이다. 예를 들면, 만나는 시간이 결정되면 몇 시에 집을 나오면 좋은지 분명하기 때문에 나가기 전에 뭔가 세심하게 챙겨 두는 경우이다. 부모 자아ⓟ로 부터 "뭘 그리 꾸물대니?", " 빨리 서둘러라. 좀"이라는 말에 쫓기게 되는 경우이다.

나를 즐겁게 해라!(Please people!)

이것은 주로 자애로운 부모 자아(NP)가 높은 사람이 짊어지고 있는 드라이버이다. 다른 사람에게 은혜를 베풀어 기쁘게 하는(실제는 자신의 기쁨으로 하는) 것이지만, 자신도 타인으로부터 뭔가를 받아 기쁘게 되기를 바라는 것이다. 자신의 부모 자아ⓟ로부터 무의식으로 전해주는 드라이버 등은 좀처럼 깨닫지 못한다. 예를 들면, 네가 참석해야 즐거워, 꼭 와! 등의 말이다.

강해져라!(Be strong!)

어릴 때부터 "튼튼해라!", "강하지 않으면 안돼요!"라고 항상 부모 자아ⓟ로부터 사사건건 아이의 부모 자아ⓟ로 주입되는 말이나 행동이다. 그 결과 "강하지 않으면 안된다"라는 드라이버가 만들어지는 경우이다. 몸이 약해도 다른 사람 앞에서는 강한 체한다. 다른 사람에게 약점을 보이기 싫어한다. 실제로 신체적 컨디션이 나빠도 그런 기색을 보여서는 안되며 "튼튼해라"라는 드라이버의 사이에 끼어 움직임이 없게 되는 것이다.

드라이버 검사

부모의 어떤 메시지가 나에게 가장 많이 영향을 미쳤는지를 알아보는 문항이다. 다음 문항을 읽고 자기 자신에게 적합하다고 느끼거나 상당히 가깝다고 생각되는 문장에 체크해보자.

구분	질문내용	체크
1	나는 약속시간보다 일찍 나간다.	
2	나는 언제나 서두른다.	
3	행동은 바쁜 듯하고 시계 보는 일이 많다.	
4	말을 빠르게 하는 편이다.	
5	조용히 기다리고 있을 때도 책을 읽든지 제자리걸음을 하든지 뭔가 동작을 하는 일이 많다.	
6	나는 무슨 일에나 노력이 가장 중요하다고 믿고 있다.	
7	요즘 세상은 무엇이든 결과만으로 판단하는데 열심히 노력하는 것도 중요한 일이라고 생각한다.	
8	나는 어느 것도 가능성은 낮지만, 그저 노력할 뿐이다.	
9	질문에 명확하지 않고 모호한 대답을 하는 것은 더 나은 답을 하려는 노력 때문이다.	
10	노력 외에는 없다. 결과는 그 다음이다.	
11	나는 나 자신에 대해 엄격하다.	
12	나는 희로애락의 감정을 표정에 나타내지 않는다.	
13	감동하거나 감격하는 일은 거의 없는 편이다.	
14	타인이 울거나 웃거나 하는 것을 보면 경박하게 느껴져 싫다.	
15	나의 말투는 단조롭고 억양이 적어서 싱겁다는 소리를 듣는다.	
16	나는 어떤 일도 완전하지 않으면 불안하다.	
17	나는 타인에게 완전한 것을 요구한다.	
18	나는 상당히 과장된 표현으로 말하기를 좋아한다.	
19	나는 타인의 장점을 칭찬하면서도 무심코 단점을 말할 때도 있다.	

20	나는 자신이 말하는 것이 잘 이해되고 있는지 아닌지 점검해 보지 않으면 안 될 때가 있다.	
21	나는 가능한 남에게 친절하게 해주고 싶고 그렇게 해주는 것이 기쁘다.	
22	나는 다른 사람의 생각에 민감하다.	
23	나는 배려심이 강해 타인이 하고 싶은 일을 민감하게 반응한다.	
24	나는 언제나 타인의 인정을 받고 싶다.	
25	나는 다른 사람에게 냉정하거나 거부당하는 것이 두렵다.	

채점 방법

문항	채크 개수	분석 내용
1번 ~ 5번		서둘러라(Hurry Up!)
6번 ~ 10번		노력하라(Try Hard!)
11번 ~ 15번		강해져라(Be Strong!)
16번 ~ 20번		완벽해라(Be Perfect!)
21번 ~ 25번		기쁘게 해라(Please Me!)

해석 방법

자신이 체크한 개수를 세어 본다. 체크한 개수가 가장 많은 것이 자신이 부모로부터 가장 많이 받은 메시지이다. 이러한 메시지에 따라 지금의 인생은 그 각본대로 살아가고 있다고 보면 된다. 이러한 각본은 불합리한 것일 수 있기 때문에 수정할 수 있다.

'서둘러라'의 개수가 가장 많은 사람은 부모로부터 '서둘러라'라는 메시지를 가장 많이 받아서 지금도 그러한 행동을 한다. 이런 사람들은 남이 여유를 부리는 것을 못 본다. 그리고 자신도 항상 서두른다. 그러므로 이런 사람들은 천천히 해도 좋다는 여유를 가질 수 있는 방법을 배우는 것이 좋다.

'노력하라'의 개수가 가장 많은 사람은 어렸을 때 부모나 그 주위로부터 '노력하라'라는 메시지를 많이 받고 자란 사람이다. 매사에 열심히 하는데 결과는 좋지 않은 경우는 어렸을 때 노력하라는 메시지를 많이 받고 자랐기 때문이라는 것이다. 이런 사람들은 매사에 만족하는 것보다, 지금보다 더 잘 되려고 노력은 하지만 항상 걱정만 하고 결과가 없을 수도 있다. 그러므로 이런 사람들은 '이 정도면 되었다'라든지 '이 정도만 해도 괜찮다' 등의 사고 방식으로 전환하는 것이 좋다.

'강해져라'의 개수가 가장 많은 사람은 어렸을 때 부모나 그 주위에서 '강해져라'라는 메시지를 많이 받고 자란 사람이다. 이런 사람들은 감정표현을 잘 하지 않고 자신에 대해서 엄격하여 남에게 강한 모습을 보이려고 하는 강박관념이 있다. 따라서 이런 사람들이 강박 관념에서 탈피하기 위해서는 그 인생각본을 과감히 대항할 수 있는 것으로 만들어 살아가야 한다. 즉, '감정을 표현해도 좋다'와 같은 각본을 다시 작성하는 것이 좋다.

'완벽해라'의 개수가 가장 많은 사람은 어렸을 때 부모나 그 주위로부터 '완벽해라'라는 메시지를 많이 받고 자란 사람이다. 이런 사람들은 매사에 완벽한 모습을 보이려는 강박관념에 사로잡혀 있다. 그래서 자기 자신에 대해 부정적 태도를 갖고 있다. 그러므로 이런 사람들은 '있는 그대로도 괜찮다'라든지 '완전하지 않아도 좋다'는 생각을 가지고 살아가는 것이 좋다.

'기쁘게 해라'의 개수가 가장 많은 사람은 어렸을 때 부모나 그 주위로부터 '남을 기쁘게 해 줘라', 즉 '타인을 우선해서 생각해라'라는 메시지를 많이 받고 자란 사람이다. 이런 사람들은 자신의 요구보다는 남을 우선해서 생각해야 한다는 강박관념을 갖고 살아간다. 그러므로 이런 사람들은 타인뿐만이 아니라 자신을 소중히 해도 좋다는 사고방식을 가지는 것이 좋다.

결론적으로 볼 때 위의 다섯 가지 중에 개수가 가장 많은 드라이버가 어렸을 때 부모나 주위로부터 가장 많이 전달된 메시지이다. 이러한 메시지에 따라 지금도 인생을 살아간다. 이 메시지들이 자신을 지나치게 몰아갈 때 그 메시지가 자신에게 강박 관념을 만들기 때문에 이러한 메시지를 과감히 바꾸는 것이 필요하다. 즉, 이러한 인생각본을 과감히 수정하여 새로운 인생각본을 써야 한다.

대항각본과 금지각본 중에 부모로부터 자주 들었던 각본은 무엇이었습니까?
그리고 현재 학생에게 어떤 영향을 주었다고 생각합니까?

02

재결단

　인본주의 심리학의 대표적인 학자인 칼 로저스(Carl Rogers)는 모든 사람에게는 성장과 성숙, 긍정적 변화로 향하려는 내면의 경향성이 있다고 보았다. 자기실현을 향한 씨앗이 우리 모두의 마음속에 심어져 있다는 것이다. 그는 또한 개인이 품고 있는 자기 자신에 대한 관념이 중요하다고 보았는데, 이를 '자기 개념'이라 불렀다. 그리고 이 속에는 지금 내 모습을 담은 '실제적 자기'와 되고 싶어하는 '이상적 자기'가 포함되어 있다고 보았다.

　이상적 자기와 실제적 자기 모습 간에 차이가 날수록 우리는 더 불행하고 불만족하는 사람이 된다. 또한 반대로 이상적 자기에 더 가까운 모습으로 생활할수록 우리는 더 행복하고 만족하게 된다. 그러므로 불행감을 느끼는 순간마다 우리 스스로 되짚어 보아야 할 질문은 바로 '나는 과연 나의 잠재력을 발휘하며 살고 싶은 나의 모습에 가까워지고 있는가?'라는 것이다.

－『심리학 카페:심리학, 행복을 말하다(선안남, 2011)』 중 －

인생재결단

    보다 자유롭고 창조적인 삶의 방식으로 전환하기 위해 인생각본, 즉 유아기에 자신의 결단에 의해 쓰인 인생각본의 구속에서 탈출해야 한다. 이를 위해 아이 자아ⓒ 상태로 되돌아가서 결단을 다시 내려 인생각본을 다시 쓰는 것은 매우 중요한 과정이다. 굴딩 부부는 이것을 '재결단 치료'라고 불렀다.

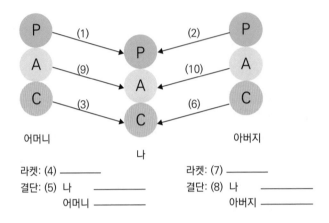

    ⑴ 대항각본: 학생이 어떤 행동을 했을 때, 어머니는 가장 흐뭇해하고 좋아했는가? 이것은 부모의 자아상태에서 나의 자아상태, 특히 어머니의 부모 자아ⓟ에서 나의 부모 자아ⓟ로 주는 메시지이다.

    ⑵ 대항각본: 학생이 어떤 행동을 했을 때, 아버지는 가장 흐뭇해하고 좋아했는가? 이것은 부모의 자아상태에서 나의 자아상태, 특히 아버지의 부모 자아ⓟ에서 나의 부모 자아ⓟ로 주는 메시지이다.

(3) 금지각본: 학생의 어떤 면 때문에 어머니가 화를 내거나 못마땅해 하거나 짜증스러워했는가? 이것은 부모님, 특히 어머님의 아이 자아ⓒ에서 나의 아이 자아ⓒ로 주는 부정적인 메시지이다.

(4) 라켓감정: 어머니가 화를 내거나 못마땅해 하거나 짜증스러워 했을때 학생의 느낌이나 감정은?

(5) 결단: (4)에서 답한 것과 같은 감정을 느꼈을 때, 당신은 마음속으로 자신과 어머니를 어떤 사람이라고 생각했는가?

(6) 금지각본: 학생의 어떤 면 때문에 아버지가 화를 내거나 못마땅해 하거나 짜증스러워했는가? 이것은 부모님 특히 아버지의 아이 자아ⓒ에서 나의 아이 자아ⓒ로 주는 부정적인 메시지이다.

(7) 라켓감정: 아버지가 화를 내거나 못마땅해 하거나 짜증스러워 했을때 학생의 느낌이나 감정은?

(8) 결단: (7)에서 답한 것과 같은 감정을 느꼈을 때, 당신은 마음속으로 자신과 아버지를 어떤 사람으로 생각했는가?

(9) 프로그램: 학생 어머니의 인생태도를 나타낼 수 있는 문장이나 문구는 무엇인가?

(10) 프로그램: 학생 아버지의 인생태도를 나타낼 수 있는 문장이나 문구는 무엇인가?

멋진 인생: 유아 결단의 재결단

각본은 인생 초기의 결단으로 만들어지고 지금도 계속하여 직업의 선택, 결혼, 육아, 정년퇴직 등의 중요한 시기에 행동을 지시할 정도로 강한 영향과 강제성을 갖는다. 때로는 운명이라고 느껴지기까지 한다. 우리가 스스로 강압적으로 연출하는 특수한 인생 드라마를 깨닫고 인생계획을 재설계해야 한다. 우리는 각본분석을 통해 성격의 수수께끼 특히 인생 초기의 결단으로 만들어진 성격의 기본적인 조합을 이해해야 한다. 각본분석의 결과에 따라 인생을 재결단해서 독립성과 모두에게 유익이 되는 드라마로 다시 써야 한다. 이렇게 될 때 우리는 오래된 각본에서 탈출하여 자신의 인생각본에 새로운 방향을 줄 수 있게 된다.

성찰 질문

나의 삶을 재결단하기 위해 어떤 변화나 시도를 해야 합니까? 재결단한 나의 모습은
어떤 모습일지 생각해 봅시다.

다음 질문에 답해 보십시오.

1. 당신의 출생에 있어 무엇인가 특별한 것을 들은 적이 있는가?

2. 출생 초기 부모님을 비롯한 주위 사람들이 당신의 얼굴을 보고 무슨 말을 했을까?

3. 어린 시절에 '나는 부모로부터 미움을 받고 있어. 부모가 나에게 어떻게 하든 나는 꾹 참아야 해', '부모님을 기쁘게 하기 위해서는 이제 어리광을 부리는 것은 그만 두어야지'와 같은 결심은 하지 않았는가? 그것은 언제인가?

4. 당신의 기억으로 맨 처음에 억울한 감정을 느낀 것은?

   가. 작년:

   나. 사회생활 시:

   다. 고교 시절:

   라. 중학교 시절:

   마. 초등학교 시절:

   바. 취학 전:

   사. 맨 처음:

5. 현재의 기분이나 사고방식, 행동 패턴을 계속 추구한다면 앞으로 당신은 어떻게 되리라고 생각하는가?

   가. 5년 후:

   나. 10년 후:

   다. 20년 후:

6. 당신의 일생에 제목을 어떻게 붙여야 할지 생각해 보십시오.

7. 당신은 어떤 부문에서 승자각본을 가졌다고 생각하는가?

8. 당신은 어떤 부문에서 패자각본을 가졌다고 생각하는가?

9. 당신은 전체적으로 볼 때 승자각본을 가졌는가? 패자각본을 가졌는가?

10. 시간의 구조화와 관련된 당신의 각본은?

11. 새로운 각본은 어떤 것이어야 한다고 생각하는가?

종합정리

1. 대항각본(드라이버)은 부모가 아이에게 특별히 전달하는 기대하는 것으로 서둘러라, 열심히 하라, 강해져라, 완벽해라, 나를 즐겁게 해라 등이 있다.

2. 금지령은 아이가 언어적인 명령을 받아들이기 전인 초기 아동 시절에 특징적으로 받아들이는 부정적이고 구속적인 메시지이다.

3. 재결단은 어린시절 형성되고 고정화된 각본, 즉 유아결단의 내용을 분석하고 지각하여 잘못된 각본에서 탈피하고 재결단을 통해 새로운 생활을 설계하는 것이다.

4. 재결단의 목적은 내담자의 초기결단을 변화시킬 수 있는지 가능성을 발견하게 하는 데 있다.

참고문헌

권석만(1995). 대학생의 대인관계 부적응에 대한 인지행동적 설명모형. 학생 연구,
    30(1), 38-63.

권석만(2018). 젊은이를 위한 인간관계의 심리학(3판). 서울: 학지사.

권화순(2009). 교류분석과 긍정심리학의 비교. 교류분석과 심리사회치료 연구.
    6(1), 1-23.

김경희(1996). 한국 청년의 정서에 관한 심리학적 연구. 한국심리학회지: 발달,
    9(1), 1-14.

김규수, 류태보(2001). 교류분석치료. 서울: 형설출판사.

김미례(2008). 교류분석 (TA) 이론에 기초한 초기 청소년의 자아상태 및 스트로크
    와 학교적응의 관계. 한국심리학회지: 상담 및 심리치료, 20(2), 183-200.

김여흠, 이윤주(2013). 대학생의 행복감에 영향을 미치는 사회불안, 공감, 사회적
    기술, 분노표현 양식, 대인관계 만족에 대한 구조방정식 모델 검증. 상담학연
    구, 4(3), 1587-1604.

김용애(2002). 이고그램에 나타난 중학생의 자아상태와 인생태도 및 인간관계 만
    족과의 관계. 석사학위논문. 한양대학교.

김인자(2007). 교류분석 프로그램이 교회청소년의 자아정체감 및 자아존중감에
    미치는 효과. 석사학위논문. 고신대학교.

김혜숙, 박선환, 박숙희, 이주희, 정미경(2017). 인간관계론(2판). 경기도: 파주.

김홍용(1987). 교류분석이론(TA)의 네 가지 생활자세에 관한 이론적 고찰. 부산여
    대 논문집, 22, 369-394.

김효창, 김경숙, 이인숙(2021). 인간관계 심리학. 서울: 마인드포럼.

류태보(1994). 사회복지관 프로그램으로서 청소년의 건전한 성격개발을 위한 교
    류분석 접근. 정신보건과 사회사업, 1, 61-92.

류태보(2000). 교류분석에서 Role Lettering의 도입기법. 정신보건과 사업, 10,
    25-40.

박말희(2015). 중학생의 자아존중감과 대인관계 증진을 위한 긍정적 스트로크 향상프로그램 개발과 효과에 관한 연구. 석사학위논문. 한국상담대학원.

박민수, 김종호(2007). 교류분석적 집단상담 프로그램이 대학생들의 자아존중감과 스트로크에 미치는 효과. 교류분석과 심리사회치료연구, 4(1), 47-64.

박양근, 민경호, 조국행(2015). 인간관계론. 경기도: 양서원.

박영희(2012). 교류분석이론에 기초한 부모교육프로그램이 자녀의 양육태도에 미치는 영향. 석사학위논문. 인제대학교.

박현주(1996). 교류분석에 의한 재결단 훈련프로그램이 중학생의 인간관계 및 인생태동에 미치는 영향. 박사학위논문. 동아대학교.

배양숙(2003). 교류분석 프로그램이 아동보호치료시설 아동의 자아존중감과 인간관계능력 향상에 미치는 효과. 석사학위논문. 인제대학교.

백경미, 김갑숙, 최외선(2013). 집단미술활동을 활용한 교류분석 프로그램이 초등학생의 자아존중감과 학교생활적응에 미치는 효과. 美術治療研究, 22(6), 1673-1696.

백현옥, 김경희(2011). 교류분석(TA) 이론의 관점에서 본 자아상태와 인생태도와의 관계에서 긍정적 스트로크의 조절효과. 아동과 권리, 15(4), 641-664.

변강희(2009). 지방캠퍼스 대학생의 대학생활 적응에 미치는 요인 연구. 석사학위논문. 건국대학교.

선안남(2011). 심리학 카페-심리학, 행복을 말하다. 서울: 레브.

송영선(2011). HRD와 평생교육 전문가들이 인식한 MB정부의 사회공정성 개념과 국민감정 및 인생태도와의 관계. 역량개발학습연구, 13(1), 213-249.

송영선(2017). 비수도권 대학생의 자아상태와 인생태도가 인간관계에 미치는 영향. 학습자중심교과교육연구, 17(11), 25-41.

송영선(2019). 비수도권 대학생의 스트로크와 학습민첩성이 대학생활 적응에 미치는 영향. 학습자중심교과교육연구, 19(23), 465-483.

송영선(2021). 대학생이 인식한 문재인 대통령의 인생태도와 문제해결 능력 관계에서 자아상태의 조절효과: 교류분석 이론을 중심으로. 문화와융합, 43(6), 547-572.

송영선, 강남미(2019). 간호학과 학생의 자아상태와 공감능력 관계에서 인생태도의 매개효과. 한국교육문제연구, 36(3), 83-106.

송영선, 김정민(2020). 대학생의 자아상태와 스트로크가 인간관계에 미치는 영향. 교육문화연구, 26(2), 265-286.

송영선, 이희수, 임창현(2018). 비수도권 대학생의 학습 민첩성과 대학생활 적응관계에서 자아존중감의 매개효과. 職業教育研究, 37(6), 1-20.

송희자(2010). 교류분석 개론. 서울: 시그마프레스.

스기다 미네야스(2000). 교류분석 [交流分析]. (김현수 역). 서울: 민지사.

스기다 미네야스(2001). 중요할 때 항상 성공하는 사람 항상 실패하는 사람. (김은진 역). 서울: 바이오프레스.

신민주, 주용국(2019). 끌림과 셀렘으로 다가서는 대인관계 의사소통. 서울: 학지사

안수룡, 김미례(2010). 라켓시스템: 라켓분석 모델. 교류분석과 심리사회치료연구, 7(1), 79-91.

안종복, 이종헌(2012). 이고그램 체크리스트를 이용한 언어치료사의 자아상태 분석. 심리행동연구, 4(2), 43-55.

우재현(2001). 심성개발을 위한 교류분석(TA) 프로그램. 대구: 정암서원.

우재현(2005). 교류분석(TA)에 의한 청소년 인성개발 프로그램. 대구: 정암서원.

우재현(2006). 이고그램 243 패턴: 성격의 진단과 개선. 대구: 정암서원.

우재현(2006). 임상 교류분석(TA)프로그램. 대구: 정암서원.

원정숙(2002). 간호대학생의 자아상태와 대응양상과의 관계 연구. 여성건강간호학회지, 8(4), 608-619.

윤영진 문호영, 이영호(2014). TACA형 자아상태 평정척도 개발 및 타당화 연구. 교류분석상담연구, 4(2), 25-77.

윤영진, 문호영, 이영호, 박용민(2014). TACA형 인생태도 평정척도 개발 및 타당화 연구. 교류분석상담연구, 4(2), 125-164.

윤옥한(1995). 괜찮은 나 만들기. 서울: 산업경영교육원.

이기춘(1998). 교류분석(TA)로 본 한국인의 의식구조. 서울: 감리교 신학대학 출판부.

이나경(2017). 대학생의 진로정체감 지위와 성별에 따른 자아존중감과 대학생활 적응의 차이. 석사학위논문. 계명대학교.

이명노(1997). 인간교류분석. 서울: 휴먼스킬.

이민선, 채규만(2012). 대학생의 자아존중감이 대인관계능력에 미치는 영향. 인지

행동치료, 12(1), 63-75.

이성태(1984). 의사결정분석적 인간관계 훈련 프로그램 구성을 위한 이론적 기초. 지도상담, 9, 31-48.

이성태(1991). 이해중심 TA와 재경험중심 TA 프로그램이 자율성과 생활자세에 미치는 효과. 박사학위논문. 계명대학교.

이영호(2002). 대학생의 자아상태 활성화와 인간관계 능력향상을 위한 교류분석적 집단프로그램에 관한 연구. 인간환경복지연구, 2, 109-147.

이영호(2007). 부부친밀감 강화를 위한 교류분석의 적용 가능성 탐색. 한국가족복지학, 20(8), 287-318.

이영호, 박미현(2021). 나는 과거로 가는 다리를 건저지 않겠다-풀어쓴 교류분석 이야기-. 서울: 학지사.

이영호, 박미현(2011). 관계의 미학, TA-생활 속의 교류분석-. 서울: 학지사.

이우성(2012). 대학생의 학습몰입, 대학생활 적응과 진로미결정의 관계분석. 석사학위논문. 건양대학교.

이윤주, 민하영, 이영미(2004). 대학생의 성인애착유형, 자아탄력성수준과 대학생활적응의 관계. 아시아교육연구, 5(4), 125-144.

이은주(2007). 교사의 자아상태와 인생태도 간의 상관관계를 통해 살펴본 의사교류 특징. 스피치와 커뮤니케이션, 8, 7-38.

이재창(1992). 자기성장을 위한 인간관계 촉진. 교육연구 논총, 10, 15-37.

이정희(2003). 심리극을 경험한 대학생의 자아상태와 인생태도의 변화분석. 한국사이코드라마학회지, 6(1), 15-40.

이종주 편저(1994). 사람을 읽으면 세상이 즐겁다. 서울: 실록출판사.

이지영(1998). Ego-gram에 나타난 자아상태와 자아존중과의 관계-간호사관생도 중심으로-. 정신간호학회지, 6(2), 206-216.

이태연(2019). 인간관계 심리학. 서울: 신정.

이현림, 최현주(2003). 또래상담 프로그램이 중학생의 자아존중감과 인간관계에 미치는 효과. 청소년학연구, 10(3), 291-308.

이형득, 문선모(1980). 인간관계훈련 집단상담의 효과에 관한 일 연구. 경상대학교 논문집, 19, 195-203.

장우귀, 박영신, 김의철(2007). 대학생의 인간관계, 자기효능감과 삶의 질: 토착문화 심리적 분석. 한국교육문제연구, 25(1), 1-21.

전영철(2002). TA-stroke 훈련 프로그램이 자아상태에 미치는 영향. 석사학위논
문. 충남대학교.

정성란(2000). 자기긍정-타인긍정 생활자세 확립을 위한 프로그램 개발. 학생생활
연구, 21, 145-174.

정영숙, 김수빈(2014). 대학신입생의 자기존중감, 자기자비와 대처전략 및 대학생
활 적응의 관계. 한국심리학회지 발달, 27(4), 117-140.

정원철, 송희자, 심경순(2005). 교류분석이론을 적용한 집단상담이 직장인의 각본
변화에 미치는 효과성. 교류분석과 심리간호치료 연구, 3, 55-74.

정은이, 박용한(2009). 대학 적응 척도의 개발 및 타당화 연구. 교육방법연구,
21(2), 69-92.

정정웅(1986). Transactional Analysis 상담을 통한 인간관계 개선의 효과. 석사
학위논문. 단국대학교.

조병금(2008). TA 이론에 기초한 고등학생의 자기존중감 및 대인관계 향상을 위
한 집단상담 프로그램개발. 석사학위논문. 한국교원대학교.

조선자(2002). TA스트로크 상담 프로그램 초등학생의 자아존중감과 사회성에 미
치는 영향. 석사학위논문. 울산대학교.

조용현(1997). 자녀가 지각한 가정환경변인과 이고그램 및 생활자세와의 관계. 석
사학위논문. 전남대학교.

조은영, 임정하(2014). 대학생의 긍정정서 및 부정정서가 심리적 안녕감에 미치는
영향. 한국청소년연구, 25(4), 185-210.

조정기(1998). 인간관계 개선을 위한 교류분석 이론 고찰. 신라대학교 논문집. 45,
545-579.

최경환(2012). 교류분석 프로그램이 재소자의 자기효능감과 인간관계에 미치는
영향. 석사학위논문. 영남대학교.

최광선(2006). 인간관계 명품의 법칙. 경기도: 리더북스.

최영일, 노정자, 백은숙, 서경원, 손희란, 이인영, 조은숙, 주민경, 한윤옥, 현은희,
홍은영(2017). 교류분석 성격이론에 의한 CKEO그램 사례분석. 서울: 학지사.

최영일, 노정자, 박영혜, 배정연, 백은숙, 서경원, 손희란, 이인영, 우준택, 정미선,
정성순, 조윤정, 주민경, 한윤옥(2017). 교류분석을 활용한 집단상담 프로그

램. 서울: 학지사.

최인철(2018). 굿 라이프-내 삶을 바꾸는 심리학의 지혜. 서울: 21세기북스.

최창소(1995). 무엇이 사람을 움직이는가. 서울: 가서원.

허경호(2003). 포괄적 대인 의사소통 능력 척도개발 및 타당성 검증. 한국언론학
　　보. 47(6), 380-409.

황윤미(2011). 대학생의 자아상태와 진로결정상태, 진로장벽과의 관계. 교류분석,
　　2(2), 19-38.

후쿠시마 히로시(2003). 내 뜻대로 사람을 움직일수 있는 성격테스트 243. (이규
　　영 역). 서울: 글담.

Allen, J. G.(1973). Existential position and adjustment in a college
　　population. TA Journal, 3(4), 202-204.

Berne, E.(1961). Transactional analysis in psychotherapy. New York:
　　Grove Press.

Berne, E.(1964). Games people play: The psychology of human
　　relationship. New York: Grove press.

Berne, E.(2004). What do you say after you say hello? 각본분석: 운명의 심
　　리학(우재현, 송희자 역). 대구: 정암서원.

Berne, E.(2009). Games People Play: The psychology of human
　　relationship. New York 심리적 게임: 인간관계 심리학(조혜정 역). 서울: 교
　　양인.

Berne, E.(1957). Ego States in Psychotherapy. American Journal of
　　Psychotherapy. 11, 293-309.

Berne, E.(1966). Principles of group treatment. New York: Grove Press.

Dusay, J. M.(1977). egograms : How I see you me. New York: Haper & Row.

Ellenson, A.(2003). Human relations. 인간관계론(주삼환, 명제창 역). 서울: 법
　　문사.

English, F.(1971). The substitution factor: rackets and real feelings.
　　Transactional Analysis Journal. 1(4), 27-32.

Goulding, M. & Goulding, R.(1979). Changing lives through redecision
　　therapy. New York: Brunner/mazel.

Goulding, R.(1972). New direction in transactional analysis: creating an environment for redecision and change. In C. J. Sager & H. S. Kaplan(Eds.). Progress in group and family therapy, 105-134. New York: Brunner/Mazel.

Harris, A. B. & Harris, T. A.(1985). Staying OK. New York: Harper & Row.

Heider, F.(2013). The psychology of interpersonal relations. New York: Harper & Row.

Holland, G. A.(1970). Psychological theory of position. TA Bulletin. 9(35), 87-89

James, M. & Jongeward, D.(1975). The people book: Transactional analysis for students. Menlo Park, California: Addison-Wesley Publishing Company.

King, L. K.(1985). Competitive structure their development and diagnosis. Transactional Analysis Journal, 15(4), 263-268.

Steiner, C.(1971). Games alcoholics play: The analysis of life scripts. New York: Grove Press.

Stewart, I. & Joines, V. S.(2012). TA today: A new introduction to transactional analysis (2nd ed.). 현대의 교류분석(제석봉, 최외선, 김갑숙 역). 서울: 학지사.

Joines, V. S. & Stewart, I.(2012). Personality Adaptation. TA이론에 의한 성격적응론(오수희, 이영태, 안범현 역). 서울: 학지사.

Stewart, I.(2008). Transactional analysis counselling in action(2nd ed.). London: Sage Publications.

Stewart, I.(1996). Developing Transactional Analysis Counselling. 교류분석 상담의 적용(한국교류분석임상연구회 역). 서울: 학지사.

Thomas, R. W.(1978). A group comparison of teaching transactional analysis relative to internalization skills. E D. D, Dissertation, Idaho state University.

Harris, T. A.(1969). AI'M OK-YOU'RE OK. 아임 오케이 유어 오케이-성격의 비밀, 교류분석이 풀다(이영호, 박미현 역). 서울: 학지사.

용어 정리

- 각본분석(Script Analysis): 자신의 자아상태를 성찰함으로써 자신의 각본을 이해하고 벗어날 수 있도록 하는 것을 말한다.
- 게임분석(Game Analysis): 명료하고 예측가능한 결과를 향해 진행하는 일련의 상보적, 이면적 교류이다. 게임은 혼자서는 이루어지지 않으며(상보성), 숨겨진 동기가 있고(이면성), 일정한 코스를 거쳐 종착점에 도착하게 되며(클라이막스), 반드시 불쾌감을 가져오는 특징이 있다.
- 교류분석 학파: 고전학파(The Classical School), 커덱시스학파(Cathexis School), 재결단 학파(The Redecision School) 등이 있다.
- 교류분석(Transactional Analysis): 번 박사가 개발한 것으로, 개인의 성장과 개인의 변화를 위한 체계적인 심리치료법이며 성격이론이다.
- 교차교류(Crossed Transaction): 화살표가 교차하는 교류로 발신자가 기대하는 대로 수신자가 반응해 오지 않고, 기대 밖의 반응이 될 때 일어나는 교류이다.
- 구조분석(Structural Analysis): 구조분석에서 가장 기초가 되는 것은 자아상태(Ego State) 개념으로, 개인의 성격은 부모 자아상태(Parent ego state), 성인 자아상태(Adult ego state), 아이 자아상태(Child ego state) 등 세 가지의 자아상태로 구성되며, 구조분석뿐만 아니라 교류분석 전체에서 가장 기본이 되는 핵심적인 개념이다.
- 금지령(injunction): 부모의 내면에 있는 아이 자아에서 자녀에게 내리는 부모의 메시지이다. 이 메시지는 자녀가 무엇을 해야 하며, 무엇이 되어야 하는지를 말해준다.
- 나-전달법(I-Message): '나'를 중심으로 하여 상대방의 행동에 대한 자신의 생각이나 감정을 표현하는 대화방식이다.
- 대항금지령(Counter injunctions): 드라이브라고도 하며, 부모의 내면에 있는 부모 자아ⓟ에서 아이의 아이 자아ⓒ로 전해지는 메시지로 '~해야한다, ~하라'의 내용을 지닌다.

- 대화(교류): 교류분석에서의 교류는 어떤 사람의 하나의 자아상태에서 보내는 자극에 대하여 다른 사람의 하나의 자아상태에서 자극이 되돌아오는 것이다.
- 대화분석: 부모 자아Ⓟ, 성인 자아Ⓐ, 아이 자아Ⓒ를 응용해서 일상적인 서로 간의 의사소통(말, 태도, 행동)을 분석하는 것이다.
- 라켓감정(Racket feeling): 삶에서 되풀이하여 맛보는 불쾌한 감정으로, 본래의 감정을 대체하여 허용되어 사람의 사고나 행동을 구속하며 주로 게임과 관련되어 있다.
- 망상(delusion): 아이 자아Ⓒ가 성인 자아Ⓐ를 침범하여 경계가 훼손되는 것으로, 현실성 없는 망상이나 유아적 공포증 등이다.
- 배제(Exclusion): 자아상태의 경계가 지나치게 경직되어 자아상태 간의 교류가 차단되는 것을 의미한다. 여기에는 일관된 부모 자아Ⓟ인 엄부형, 일관된 성인 자아Ⓐ인 뉴스해설형, 일관된 아이 자아Ⓒ인 피터팬형 등이 있다.
- 부모 자아(Parent ego state): 부모나 부모와 같은 사람으로부터 모방한 행동이나 사고, 감정들을 가리키는 것으로, 비판적 부모 자아(Critical Parent)와 자애로운 부모 자아(Nurtural Parent)로 나뉜다.
- 비승자각본(non-winning script): 남들과 비슷한 수준에 도달하면 만족해 버리는 사람의 각본이다.
- 상보교류(Complementary Transaction): 발신자의 자극에 대해 기대하는 대로 수신자가 반응하는 상호 평행선 교류를 말한다
- 성인 자아(Adult ego state): 지금 여기에서 바로 반응하는 행동, 사고, 감정들을 가리킨다.
- 스탬프(Stamp): 심리적 경품권(Psychological trading stamp)의 약자로, 스트로크의 교환 결과로서 좋고 나쁜 감정을 자신의 마음속에 축적하는 것이다.
- 스트로크(Stroke): 인간의 심리적 욕구를 충족시키기 위해 행하는 생물학적 자극(스킨쉽, 칭찬, 표정, 몸짓, 웃음 등)으로 인생태도에 큰 영향을 미친다.
- 승자각본(winning script): 희망을 가지고 자신 인생에 적절한 목표를 설정하고 이를 달성하기 위해 오늘도 진정한 삶을 살아간다.
- 시간의 구조화(time structuring): 대인간 교류와 관련하여 하루의 시간을 여섯 가지 양상 즉, 폐쇄(Withdrawal), 의식(Ritual), 활동(Activity), 잡담(Pastime), 게임(Game), 친밀성(Intimacy)으로 프로그램화하여 사용하는 것

을 의미한다.

- 심리게임(Psychogical Game): 예측가능하며 명확히 정의된 결과를 향해 나아가는 연속적인 상호보완적 이면교류. 게임은 반복적이며 겉으로는 그럴듯 해도 안으로는 다른 동기, 일종의 함정, 속임수를 숨기고 있는 순환적 교류이다.

- 아이 자아(Childt ego state): 어린 시절로부터 재연된 행동, 사고, 감정들을 가리키는것으로 자유로운 아이 자아(Free Child)와 순응하는 아이 자아(Adapted Child)로 나뉜다.

- 유아결단(early decision): 유아가 부모의 애정을 받지 못하는 것을 두려워하여 부모가 가혹한 요구를 해도 부모를 즐겁게 하기 위해 또는 부모에게 순응하기 위해 자신이 해야 할 것을 결정하는 것이다.

- 이고그램(Egogram): 듀세이(J. M. Dusay)가 창안한 것으로 각각의 자아상태가 방출하고 있다고 생각되는 에너지의 양을 눈으로 보이는 기호로 표현된 그래프이다.

- 에누리(Discounting): 자신의 각본에 맞지 않는 사실들은 외면하고 무시함으로써 그 사실이 의미하는 바를 평가절하함으로써 대체되는 반응을 보이는 것

- 오염(Contamination): 부모 자아ⓟ, 성인 자아Ⓐ, 아이 자아Ⓒ의 경계가 이완되어 한 자아가 다른 자아를 침범하여 경계가 파손되는 것이다.

- 이면교류(Ulterior Transaction): 본심의 욕구, 의도 혹은 사건의 진상 등이 속마음에 숨겨져 있고 겉으로는 속마음과 다른 형태의 교류가 이루어지는 것을 말한다.

- 이중 오염(Double Contamination): 부모 자아ⓟ와 아이 자아Ⓒ가 성인 자아Ⓐ를 침범하는 것으로, 언행 불일치, 생각이나 태도의 급변, 감정의 억제와 폭발이 상황에 맞지 않는 등의 병리적인 양상을 보인다.

- 인생각본(Life Scripts): 어린 시절에 만들어지고, 부모에 의해 강화되며, 후속 사건에 의해 정당화되며, 결국 선택된 대안(향후 삶에 대한 결단)으로 완결되는 것을 말한다.

- 인생태도(Life Position): 어릴 때 부모나 중요한 타인들과 주고받은 스트로크를 토대로 형성되는 자기, 타인, 세상에 대한 태도로 자기긍정─타인긍정, 자기긍정─타인부정, 자기부정─타인긍정, 자기부정─타인부정 등 네 가지로 구분된다.

- 자아상태(ego state): 감정 및 사고, 이에 관련된 행동 양식을 종합한 하나의 시

스템으로, 부모 자아ⓟ, 성인 자아Ⓐ, 아이 자아Ⓒ로 나눈다.

- 재결단(redecision): 어린 시절 이루어지는 초기결단을 비판적으로 검토한 다음 내리는 결단이다.

- 적극적 경청(Active Listening): 상대방이 전달하고자 하는 내용은 물론 그 내면에 깔려있는 동기나 정서에 귀를 기울여 듣고 이해한 바를 상대방에게 피드백 해 주는 것이다.

- 제1 인생태도: 자타긍정의 태도로 자신과 타인과의 조화를 이루면서 참된 자아를 실현할 수 있는 태도이다. 이런 유형의 사람은 자신과 타인의 존재 가치를 소중하게 여기기 때문에 함께 있을 때 안정감을 느끼게 된다. 교류분석이 추구하는 가장 이상적인 태도이다.

- 제2 인생태도: 자기부정, 타인긍정의 태도로, 자신을 타인에 비해 무능력하게 여기며 다른 사람들과 친밀한 관계를 잘 형성하지 못하고, 주로 타인의 욕구에 봉사하는 모습을 보인다.

- 제3 인생태도: 자기긍정, 타인부정의 태도로, 자신 문제를 타인에게 투사하며, 주로 타인을 원망하는 사람들에게서 나타난다.

- 제4 인생태도: 자타부정의 태도로, 삶을 무가치하게 여기며, 그렇기 때문에 사람에 대한 흥미를 상실한 채 살아가는 사람들이다.

- 진실한 감정(authentic feeling): 상황에 맞는 자연스러운 감정으로, 주로 제1 인생태도(I'm OK, You're OK)인 사람에게 나타난다.

- 패자각본(losing script): 자신이 설정한 목표를 제대로 성취하지 못하고, 현재를 진정하게 살지 못하고 파괴한다.

- 편견(prejudice): 부모 자아ⓟ가 성인 자아Ⓐ를 침범해서 성인 자아Ⓐ의 논리적인 판단 기능을 저해하는 것으로, 특정 신조나 현실성 없는 자의식에 빠지는 것을 말한다.

- 편향(Propensity): 한 자아의 양이 다른 것에 비해 많은 것을 가리키는 것으로 부모 자아ⓟ 편향, 성인 자아Ⓐ 편향, 아이 자아Ⓒ 편향의 세 가지 종류가 있다.

- 프로그램(Program): 부모의 성인 자아Ⓐ에서 아이의 성인 자아Ⓐ로 전달되는 메시지로 주로 일을 어떻게 하는가로 구성된다.

- 허가(Permission): 부모의 아이 자아Ⓒ 상태에서 아이의 아이 자아Ⓒ로 전달되는 긍정적 메시지이다.

저자소개

송영선
〈학력〉
중앙대학교 교육학과 졸업
고려대학교 교육학 석사(기업교육 전공)
중앙대학교 교육학 박사(평생교육 전공)

〈현직〉
건국대학교 글로컬캠퍼스 부교수
뉴턴 포럼(New Turn Forum) 대표
한국인력개발학회 창립간사 및 이사
(사)한국강사협회 자문
(사)한국멘토교육협회 자문

〈경력〉
한국산업심리연구원 연구실장
한국리더십센터 과정개발팀장
(주)한국블랜차드컨설팅그룹 기획실장
Key Consulting 대표

〈주요 관심분야〉
인간관계
학습문화
고등교육 및 평생교육 정책

〈교류분석과 관련 주요 논문〉

- HRD와 평생교육 전문가들이 인식한 MB정부의 사회공정성 개념과 국민감정 및 인생 태도와의 관계.
- 비수도권 대학생의 자아상태와 인생태도가 인간관계에 미치는 영향.
- 비수도권 대학생의 스트로크와 학습민첩성이 대학생활 적응에 미치는 영향.
- 대학생이 인식한 문재인 대통령의 인생태도와 문제해결 능력 관계에서 자아상태의 조절효과: 교류분석 이론을 중심으로.
- 간호학과 학생의 자아상태와 공감능력 관계에서 인생태도의 매개효과.
- 대학생의 자아상태와 스트로크가 인간관계에 미치는 영향.
- 비수도권 대학생의 학습 민첩성과 대학생활 적응관계에서 자아존중감의 매개효과.

재미있는 인간관계의 심리학

초판발행   2024년 5월 1일

지은이   송영선
펴낸이   노 현

편 집   소다인
기획/마케팅   김한유
표지디자인   Ben Story
제 작   고철민·조영환

펴낸곳   ㈜ 피와이메이트
              서울특별시 금천구 가산디지털2로 53, 210호(가산동, 한라시그마밸리)
              등록 2014. 2. 12. 제2018-000080호
전 화   02)733-6771
f a x   02)736-4818
e-mail   pys@pybook.co.kr
homepage   www.pybook.co.kr
ISBN   979-11-6519-994-4 93180

* 파본은 구입하신 곳에서 교환해 드립니다. 본서의 무단복제행위를 금합니다.

정 가   23,000원

박영스토리는 박영사와 함께하는 브랜드입니다.